クリームソーダ
純喫茶めぐり

難波里奈

はじめに

　皆さま、クリームソーダはお好きでしょうか？ このページまでめくって下さったということは、クリームソーダが大好きな方、または懐かしさを誘うクリームソーダの姿に、思わず手に取って下さった方かもしれませんね。

　「クリームソーダは好きだけれど、大人になるとなかなか飲む機会がなくなってしまって」という方も多いのではないでしょうか。しかし、幼い頃を思い出してみてください。一度は召し上がったことがありませんか？ 例えば近所の喫茶店で、あるいはデパートの食堂で……。

　クリームソーダはいまでも、昔から姿を変えずに残る純喫茶において人気メニューの1つです。冷たい氷の入ったグラスに注がれた鮮やかなグリーンのソーダ水。その上にはまあるいアイスクリームが乗せられ、たまに出会える赤いさくらんぼに心躍る……。そんな光景は誰しも記憶のどこかにあるのではないでしょうか。

　今回、クリームソーダを求めて全国各地の純喫茶をめぐってみたところ、想像した以上にカラフルで奥深い世界がそこには広がっていたのでした。

　各ページを満たしたソーダ水の泡、その素敵な海を泳ぎながら、あるいは爽やかな味わいを想像し、またあるいは氷の触れ合う涼しい音を夢見て――。

　この本を閉じた時、どこかへお出掛けしたくなっていただけたら、純喫茶を愛する仲間としてこの上なく幸せに思います。

contens

はじめに　002

01　COFFEE ROOM きくち（北海道函館市）　004

02　純喫茶サモワール（秋田県由利本荘市）　006

03　クレオパトラ（青森県青森市）　010

04　どんぐり（宮城県仙台市）　014

05　gion（東京都杉並区）　018

06　旅苑（山梨県都留市）　022

07　味の珈琲屋 さぼうる（東京都千代田区）　026

08　コンパル（群馬県高崎市）　030

09　純喫茶モデル（神奈川県横浜市）　034

10　喫茶クラウン（埼玉県川口市）　038

11　資生堂パーラー 銀座本店
　　サロン・ド・カフェ（東京都中央区）　042

12　喫茶ジュリアン（神奈川県藤沢市）　046

13　珈琲館古城（栃木県宇都宮市）　050

14　コーヒーハウス
　　トロピカル（茨城県水戸市）　052

15　コーヒープラザ壹番館（千葉県柏市）　056

16　珈琲家ロビン（愛知県名古屋市）　066

17　サンバード（静岡県熱海市）　070

18　ミロ（岐阜県可児市）　074

19　パーラーアコ（石川県小松市）　078

20　パスカル青山（愛知県名古屋市）　082

21　ボン．千賀（愛知県豊橋市）　086

22　珈琲処 カラス（愛知県名古屋市）　090

23　ライオン（愛知県名古屋市）　094

24　純喫茶 磯（三重県尾鷲市）　098

25　珈琲ライフ（滋賀県近江八幡市）　102

26　茶房 大陸（兵庫県姫路市）　106

27　喫茶ユース（兵庫県洲本市）　110

28　純喫茶 まるき（和歌山県有田市）　114

29　ゆうなぎ（大阪府大阪市）　118

30　喫茶ブルボン（京都府京都市）　120

31　マリ亞ンヌ（京都府京都市）　124

32　ドレミ（大阪府大阪市）　128

33　茜（山口県柳井市）　138

34　赤煉瓦（広島県呉市）　142

35　喫茶淳（高知県高岡郡四万十町）　146

36　珈琲冨士男（長崎県長崎市）　150

37　ブルマーシャン（福岡県福岡市）　154

38　ブルーライト（鹿児島県鹿児島市）　156

Special story　喫茶宝石箱　喫茶セピア　060

Special story　洋菓子喫茶 富士　132

Special story　クリームソーダカフェ
　　　　　　　　SHINSETSU　160

column1
クリームソーダのシロップ　064

column2
駄菓子屋さんのソーダ水　136

column3
クリームソーダ色とデザイン　162

クリームソーダアルバム　164

クリームソーダ純喫茶 database　170

おわりに　175

2色のソーダに
3種のソフト
選べる楽しさが
他にはない魅力

「モカソフト」
で知られた
リバーサイドが原点

北海道・函館にソフトクリームを
乗せたクリームソーダを楽しめる純
喫茶・きくちがあります。きくちの
創業は1973（昭和48）年7月。

設計士だった先代のご主人が始
めた当初の店名は「リバーサイド」。
当時から今も人気を集めるモカソフ
トで知られていました。1981（昭
和56）年に現在の場所へ移転、こ
れとともに「コーヒールームきくち」
と店名を変更しています。

設計士ならではの

豪奢な内装空間で

贅沢な逸品を

ソーダ2種 ×ソフト3種

A：らせん状のソフトクリームに ソーダ水が絡み独特の2トーン に。B：美しいソフトクリームの 形が溶けていくとともにソーダの 味は深みを増す。C：ソーダ水は メロン、イチゴの2種類。これ とソフトクリーム3種で計6種 の組み合わせ。D：雑誌で特集さ れたこともある美しいステンドグ ラス。E：天井は鏡張りになって いて、見上げると不思議な感覚に とらわれる。F：花弁形の傘を使っ た美しい照明。

お客さんの要望で 「アイス」から「ソフト」へ

　コーヒールームきくちのクリーム ソーダはモカ、バニラ、ミックスの 3種のソフトクリームから選ぶこと ができます。かつては一般的なアイ スクリームを乗せていたそうですが、 ソフトクリームへと変わったのはお 客さんの要望によるものだったと か。これによりクリームソーダは一 躍、コーヒールームきくちの中でも 人気メニューの1つとなりました。

◯DATA

所在地：北海道函館市湯川 町3-13-19 営業時間：9:00-21:30 (4-10月)、9:00-21:00 (11-3月) 定休日：年中無休 電話 0138-59-3495

ソーダ、ソーサー
コースター
夢見る翡翠色の
トリオ

初代オーナーから4代目の女性店主

　純喫茶に導かれ、これまで全国各地を訪ね歩いてきました。なかには純喫茶がなければ降りることはなかったのではないか、と思う場所も少なくありません。秋田県の日本海側にある本荘（由利本荘）という街もその1つです。この本荘の純喫茶「サモワール」は、1962（昭和37）年に初代オーナーにより開店、現在の

ママである佐藤さんは4代目の店主になります。3代目と知り合いだったことから佐藤さんがサモワールを引き継ぎ、2018（平成30）年で約36年になりました。

　窓ぎわのテーブル席から差し込む明るい自然光と、照明による店内の柔らかい光が心を癒してくれる心地よい空間です。

透き通る甘い色は ガラスのグラスで

象牙色のクリームが
濃いグリーンと絡んで

A：長らくステンレスのグラスだけを使用していたが、美しい色を楽しんでもらおうと5-6年前からガラスのグラスも使っている。B：バニラの象牙色が濃い緑に溶け出してアイスクリームの周りがライトグリーンに染まる。C：グラスの下に敷くコースターやナプキン、ソーサーもグリーンの同系色に。D：「それほど難しいコツはないんですけどね」と佐藤さん。しかし出来上がったクリームソーダは美しかった。

「エメラルド」を味わいたいなら……

　佐藤さんはサモワールを継ぐずっと前、20代の頃に同じ本荘の街の別の場所で純喫茶を経営していました。ご自身の叔母さまの純喫茶を継いで始めたのだそうです。この頃の経験が今の純喫茶でも活きています。クリームソーダもその頃のレシピそのまま。

　グラスはステンレスのものと、ガラスのもの2種類を使っているそうですが「きれいなグリーンを楽しんでもらうならガラスの方が良いと思います」と佐藤さん。確かに美しいエメラルド色を味わいたいなら、注文時に「ガラスのグラスで」とお願いした方が良いかもしれませんね。

創業から半世紀過ぎてなお
垢抜けた内装

A：創業から半世紀以上も経ているとは思え
ないほど美しく保たれた店内。瀟洒な窓のデ
ザインなどは佐藤さんがお店を継ぐ以前から
変わらない。B：厨房は三角形の特徴的な形。
意外に広くて使いやすそうだ。C：カウンター
席に座れば、ママが本荘の色々な話しを聞か
せてくれるだろう。D：佐藤さんのお気に入
りだというテーブル席の油絵。

お気に入りは「照明」と「アールのついた壁」

佐藤さんで4代目になるサモワー
ルですが、内装については少なくと
も先代（3代目）から改装したとこ
ろはほとんどありません。黒い革張
りのソファー、カウンターチェア、
飾りガラスをあしらった柱など……。
そんな内装のなかでも佐藤さんの

お気に入りはシャンデリア風の照
明、そしてアールのついた壁面です。
「最近では見なくなった内装ですよ
ねえ」。初代のご主人からおよそ50
年、これまで店を守ってきた4人の
店主たちの愛情でサモワールは続い
ているのだ、と改めて感じました。

E：女主人・佐藤さんのお気に入りだというシャンデリア風の照明とアールのついた壁面。柱のフォルムやその間に設けられた飾り窓も都会的で美しい。

「継いでくれる人は
今のところいないのよ」

F：外観は意外にシンプルで、店内に魅力的な空間が広がっているとは気づかないかも知れない。G：「お店を継いでくれる人は今のところいないのよ」と佐藤さん。サモワールとともにお洒落で元気な姿をいつまでも、と願う。

常連さんとついつい
話し混んで ─

　いつまでも味わっていたい心地良い空間で、佐藤さんとついつい話し込んでしまいました。するとお店にいらしたお客さまが「そろそろ行かないと電車に乗り遅れるよ！」と列車時間を気にかけてくれました。こんなやさしい気づかいをいただき、心にほんのりと火が灯るような温かい気持ちで帰路につきました。

(DATA)

所在地：秋田県由利本荘市
谷地町 60
営業時間：10:00-18:00
定休日：木曜日
電話 0184-22-3800

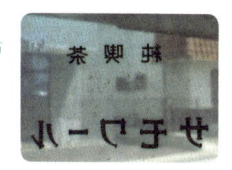

「美」について教えていた先代の女性店主

「美容師だった明治生まれの祖母はとにかくバイタリティのある人で、『青森一の美容師』と呼ばれた時代がありました」と喫茶・クレオパトラを継ぐ2代目主人の高谷さん。先代のご主人であるお祖母さまは「美」について教える学校も経営、とても美意識の高い方だったようです。

20年ほど前に高谷さんがお店を継いでからも、しばらくお店に立っていらしたというお祖母さま。お祖母さまにお会いしたかったと伝えると「親族では一番面影があると言われます」と微笑む高谷さん。その笑顔の向こうに、お店を見守るお祖母さまを見たように思いました。

新しくなった
グラスと
変わらない
スプーンと

A：中庭に面した奥のテーブル席でクリームソーダをいただく。大きな窓ガラスにグラスを写すと美しさが一層際立つ。

中庭に降り注ぐ

明るい光を浴びて──

マドラースプーンも先代のセレクト

B：ソーダ水に挿して供されるマドラースプーンは、お祖母さまのセレクト。C：黒いバニラビーンズが散ったバニラアイス。ソーダ水はもちろん、このアイスクリームのおいしさもクレオパトラのクリームソーダの魅力だ。

一部は新しくなったハイセンスなクリームソーダ

お祖母さまの「新しいものを」という教えの通り、高谷さんが自分のセンスで7-8年前にグラスを新しくしたクリームソーダ。高谷さんが生み出した現在のクリームソーダはバニラビーンズの香り豊かなアイスクリームと、明るいグリーンが美しいソーダ水、そしてこれは以前から変わらないマドラースプーンをグラスに添えた上品な一品です。値段も550円とお手頃価格で、青森に降り立った際には、このために時間を取ってでもいただきたい素敵なクリームソーダです。

今も店内に数多く残る先代のセンス

A：店内の至るところに飾られた雑貨は「海外旅行が好きだった」という先代が各国で集めてきたもの。B：銅板作りのテーブルには孔雀の羽を思わせる美しいパターンが配されていた。C：調度品にも美へのこだわりが感じられる。椅子はビロードに刺繍をしたゴージャスなものが使われている。

コーヒーにも「美」への想いが

「クレオパトラ」とは、またとても個性的な店名。その由来について高谷さんは「詳しいことは聞いていないのですが、祖母は美を追求する人でしたからクレオパトラに憧れていたのかもしれません」とのお話しでした。

また「青森の特徴ですか?」とよくお客に聞かれるというコーヒーに添えられた蜂蜜。これもお祖母さまの美についてのこだわりのようで、「白砂糖よりも蜂蜜の方が身体に良い」ということから始められたものだそうです。

癒しの時間を過ごすなら

中庭を望む店内奥へ

店内外に異国風の装飾も

D：店内の奥には大きな窓を配した中庭がある。時間がある時にはこちらでゆっくりとコーヒーやクリームソーダを楽しみたい。E：店内奥のテーブル席にはコーヒー豆の収穫の様子をモチーフにしたステンドグラスが使われている。F：メニューブックも手作り。長く使われて傷みもあるが修繕に修繕を重ね、年を経ただけの良さが出ている。G：柱にはレンガを、装飾には銅板を使って異国風の雰囲気を出した外観。

時代の流行も？
「クレオパトラ」の由来

H：店頭のウインドウに描かれたクレオパトラのイラスト。その下の英字の店名は「CLEOPATRA」の「O」がコーヒー豆をアレンジしたものに。

DATA

所在地：青森県青森市新町
2-8-4
営業時間：7:00-19:00
定休日：月曜日
電話 017-722-7778

思わず欲しくなる
調度品の数々

「コーヒーショップ どんぐり」は1967（昭和42）年、仙台駅の西に延びる広瀬通りにオープンしました。その後に移転し、現在の場所となってから今年で13年の月日が経ちました。店名の「どんぐり」には「お客さんが親しみやすいように」というマスター・横尾さんの思いが込められています。

入り口の扉を開けてまず視界に映えるのは、チューリップのような形をした赤いランプ、そして同色の椅子。床には花柄のカーペットが敷かれ、各所に配された調度品も思わず自分の部屋にも欲しくなってしまうようなものばかりです。

葉巻型の
クッキーが
乗る
ここだけの
優美な一品

造形にも凝った
花のような一品

A：ソーダに沈んだクッキー。個性的なクリームソーダは色々な飲み方、食べ方を提案してくれる。B：クッキーの数は2本。ちょうど良い満足感だ。C：丸く巻いたクッキーは花弁のようにも見える。造形美も楽しみたいクリームソーダだ。D：グラスの形にも特徴がある。下部のカットに明るいグリーンが映える。

エレガントな時間を演出

クッキー・アイスクリーム

グリーンのソーダ水が

長く続く冷涼感は製氷に秘密が

クリームソーダには2本のクッキーが飾られていました。他にはない斬新な意匠に思わず目を見張ります。

グラスを持ち上げるとカラカラ、と爽やかな音。地元の氷屋から仕入れているという透明感の強い氷は、マスターの横尾さんがアイスピックで砕いて使っています。製氷機で作る氷と比べて溶けにくく、アイスクリームの美しい形と、ソーダのひんやりとした冷涼感を長く保つことができるそうです。

A：カウンターは6席。椅子は移転前からのものを今でも使っているそうだ。

美しい
照明器具の数々

B：天井から吊るされた照明。幾何学的な形の明かりを写している。C：カウンターに据えられた鮮やかな色合いのスタンドライト。

「コーヒーショップ」に込められた思い

自分でもコーヒーが大好きで、1日4〜5杯は飲むというマスターの横尾さん。喫茶店についての哲学を教えてくれました。『喫茶店というのは居場所としての空間を貸す場所。でもコーヒーショップでは、きちんとコーヒーがおいしくなければいけないと思っているよ』。お仕事に誇りを持っていることを感じさせる、長年「どんぐり」を守り続けてきた横尾さんだからこその言葉だと受け止めました。

**適度な光量で
落ち着いた雰囲気に**

D：思わず長居してしまいたくなる心地よいテーブル席。E：窓辺のテーブル席も外光が入りすぎず、落ち着いた雰囲気が保たれている。F：チューリップのような形の照明、カウンター横の棚に並べられたぬいぐるみの数々など、可愛らしい要素がそこかしこに散りばめられている。G：広瀬通から移転して13年。現在は雑居ビルの隣の1階にある。

喫茶店での出会いは
人生にも仕事にもプラス

「（どこの喫茶店でも）カウンターの中にいるマスターや常連さんと話すことは人生にプラス、仕事にもプラスだと思うよ」と横尾さん。その人柄にひかれて集まる常連客は少なくありません。「仙台に来たらまた必ず寄ってね」と優しく送り出してくれたその笑顔がいつまでも印象に残りました。

(DATA)

所在地：宮城県仙台市青葉区国分町 2-8-11
営業時間：9:30-21:00（月～土）9:30-18:00（日・祝）
定休日：年中無休
電話 022-227-3097

柔らかい
桃色の光に
映える
青×緑のソーダ

マスターの信念を
感じることができる店

阿佐ヶ谷駅近くに店を構える純喫茶「gion」。ここは「老後に喫茶店のカウンターで読書をするのが夢でした」と話すマスターの関口さんが若い頃に努力を重ね、ようやく貯めた資金で開店させたという思いの込められた店です。

苦労を知る関口さんの信念は「みんなが得することが一番良い」。「みんなが得する」とは言葉はきれいでも、実際にはなかなかできないものですが、お客であるこちらが心配になるほどボリュームのある食事や飲み物、週に一度新しくなるテーブルの生花など、gionではマスターの信念を肌で感じることができます。

大きなグラスの口を

塞ぐように浮かぶ

山盛りのバニラアイス

A：gion のクリームソーダは 1 つを 2 人でシェアしてちょうど良いくらい大きなサイズだ。

サイズも風味も ——
心躍る贅沢な一品

B：青いクリームソーダが人気だが、定番のグリーンも素敵で迷ってしまう。どちらもシロップを贅沢に使い、風味が豊か。C：グラスをウエイトレスさんに持ってもらった。その大きさがよくわかる。

アイスクリームのデザインは
「作り人によって色々」

gionの看板メニューの1つであるクリームソーダは1983（昭和58）年の創業当時から青と緑の2色を揃えていました。まるで金魚鉢のように大きなグラス、そして山盛りに盛られたアイスクリームについて、マスターは「作り方は特に決まっていない」と話します。作る人によってさまざまにデザインされたクリームソーダがテーブルに運ばれてくるのを待つ楽しみもまたいいものです。

ちなみに特徴的なこのグラスは合羽橋の問屋街で購入したもので、現在でも販売されているため、「自宅を純喫茶に」という夢を現実にすることも可能です。

A：調度品は年々こだわりの品、高価な品が増えているという。照明や花瓶、棚など全てマスターが自分で買い付けたものだ。

席ごとに違う
凝った照明の数々

B：カウンター脇のテーブル席に置かれたのは、バイオリンを奏でる女性をかたどった照明。C：入り口に面した席そばには七色を配した網目模様の照明。球体に見えるが下部は空いた半球体のデザイン。

内装のイメージはあの「ジブリ映画」

開店当時はシンプルだったという店内ですが、現在はブランコのあるピンク色のテーブル席や森の中で寛いでいるような気持ちになれる窓際席など、どの席も個性的な趣向があしらわれています。これは関口さんがお好きだというジブリ映画「借りぐらしのアリエッティ」の世界をイメージしたものだそう。現在の姿になったのはここ5-6年だとのことですが、今も関口さんはインテリアなどの骨とうのオークションに出かけ、調度品をセレクト。今後のgionの進化にも注目です。

マスターの気遣いは
お客にも従業員にも

D：天井からブランコを吊った席はカップルにも人気。
E：「gion」の刺繍が入った制服。よく見ると「i」の字の上の部分がハート形に。細かいところにも気が利いている。F：生花は週に1度ずつ更新される。経費もかかるが、それだけ喜んでもらいたいというマスターの気持ちの表れだ。

マスターの信念は
スタッフにも

　関口さんの「みんなが得する」の想いはお客だけでなく、お店に勤める従業員の方へも注がれています。かわいらしい制服も然り、そして「高めに設定している」というお給料も然り。以前、アルバイトの方から「天国です」と言われたというエピソードを関口さんは嬉しそうに話してくれました。

(DATA)

所在地：東京都杉並区阿佐谷北1-3-3 川染ビル1F
営業時間：8:30- 翌 2:00（月〜土）9:00- 翌 2:00（日）
定休日：年中無休
電話 03-3338-4381

グラスを満たす
美しい色が
灯りを落とした
店内に映える

織物屋から純喫茶へ転身

世界各地から「FUJISAN」を求めてやってくる観光客。彼らが利用するローカル線・富士急行線と並び、国道139号線が延びています。その道端に老舗旅館のような佇まいの純喫茶がありました。純喫茶「旅苑」です。

店内へと足を踏み込むと、中も妖艶な魅力に満ちていました。この内装は今もお店に立つマスターの奥さまのセンスだとのお話し。喫茶店を始める前は織物屋だったそうですが、川崎市にあったとある純喫茶に惹かれ、自分でもやってみようと開店したのは1966（昭和41）年のことでした。

A：開店からしばらく、クリームソーダには今よりも小さなグラスを使っていた。現在のグラスはアイスクリームが溶けにくい大きな氷も入れることができる。

庭園もあった窓辺にクリームソーダをかざして

店内の随所に見られるお気入りの「グリーン」

B：グリーンのライトはテーブル席、カウンターなど店内随所に使われている。C：ほぼ球体に近いアイスクリームがソーダ水に浮かぶ。アイスクリームをきれいな形にすくい、乗せるのは難しい。マスターの仕事へのプライドを感じる作品だ。

近所で見つけた「カクテルグラス」

開店当時、クリームソーダには今よりも小さなグラスを使っていましたが、近所のお店でカクテルグラスのような洒落たデザインのグラスが大量に売られているのをマスターが発見。クリームソーダのグラスは現在のスマートなデザインへと変更されました。

手紙を書く時に必ずグリーンのペンを使うというくらいマスターの好きな色だというグリーンは、店内の照明にも使われています。

そのグリーンの光を写したクリームソーダのシルエットが、テーブルの上の壁に映し出される様子は、妖しくも魅力的に映ります。

A：一見すると喫茶店らしくない外観。しかし右手の入り口から店内に入ると昭和の純喫茶の世界が広がる。

タイルと刺繍がふんだんに使われた店内

B：壁の布には花をあしらった刺繍が施されている。これは入り口通路の壁だが、店内には別のパターンの刺繍が使われているところも。C：下段はタイル、上段と天井は刺繍を施した生地と、非常に凝った内装に思わず目を奪われる。

池に水を湛えたことも
凝った意匠の内装

入り口を入ってすぐ左手には小さな室内庭園が作られ、彫像を立てた池もありました。開店当初、わずかの期間だけこの池に水を張っていたことがあるそうですが「湿気が多くなってダメ」だったそうで、現在は使われていません。

このほかカウンターの天井から吊るされた花弁の形をした照明、テーブル席とカウンターを仕切るパーテーションの壁のタイルなど、開店当時かなり手をかけて内装をしつらえたことがわかります。また喫煙室となっている店内奥の個室は、ナイトクラブのような昭和そのままの雰囲気が残り必見です。

旅苑
024

「照明の色がさめちゃってね」とマスター。しかし、店の魅力はさめていない

「正真正銘」のレトロが残る店

D：カウンターデスク、食器棚、照明——。ここには正真正銘のレトロが残っている。E：奥はガラス張りで一種妖艶な雰囲気の喫煙室。グリーンの照明が華やかだ。F：窓辺の池に作られた彫像。「今でも水は出そうと思えば出るんだよ」G：1966（昭和41）年、弟と2人で始めたという旅苑。現在は奥様と2人で店を守っている。

あと3年に迫った営業許可の更新

　旅苑の営業許可更新まではあと3年だそうです。マスターは「それ以降も続けるかどうかわからない」といいます。開店から半世紀を経たいま、色褪せたと謙遜されますが、いまだゴージャスな昭和の純喫茶の雰囲気を味わえる旅苑。できるならいつまでも続いて欲しいと心から願いました。

DATA

所在地：山梨県都留市上谷4-1-10
営業時間：12:00-22:00
定休日：年中無休
電話 0554-43-3800

東京都千代田区

虹のような
宝石のような
老舗喫茶の
人気者6種類

「3カ月」のつもりが気がつけば60年

クリームソーダといえばグリーンのソーダに白いバニラアイスクリーム……。そんなイメージをくつがえしてくれるのが、神保町・古書店街の裏路地にある老舗喫茶「さぼうる」です。

さぼうるの開店は1955（昭和30年）。マスターの鈴木文雄さんが22歳の時でした。「3カ月だけ友人の店を手伝う」という約束で始めたはずが、気がつくとすでに開店から60年以上が経過していた、と鈴木さん。店内は飴色の光に包まれ、長い間この心地よい空間で過ごした人々の呼吸がそこかしこから感じられる場所となっています。

美しいクリームソーダを目でも味わいたい、と6色すべてを注文する人もいるという。

進化している
老舗のメニュー

B：さぶうるのクリームソーダは氷たっぷり。炭酸水とシロップの割合、アイスクリームをうまく載せるのには熟練を要する。C：新たな2種のメニューは、スタッフの伊藤さんのアイデアによって誕生した。

全国でも珍しい
6色のラインナップ

さぶうるのクリームソーダは長らくグリーン、ブルー、ピンク、イエローの4色でした。しかし、江東区森下にある「岸氷室」のかき氷（残念ながら同店のかき氷は現在販売中止）をヒントに、新たにオレンジ、紫の2色が加わりました。濃いオレンジ色のマンゴー味のクリームソーダのアイデアもあったそうですが、意外に味にインパクトがなかったために実現しなかったそうです。それでも全6色のクリームソーダを揃えた喫茶店は全国を見てもそうそうありません。訪れるたびにどれを注文しようか、嬉しい悩みにとらわれてしまうことでしょう。

A：さぼうるで過ごした人たちの思い出が今も残された地階の壁。

隠れ家的な魅力の階段を降りた地階

B：入り口を入ってすぐのところに、地階へのささやかな階段がある。C：背の高い人なら、背を曲げて歩かなくてはならないほど。しかし、低い天井が逆に居心地の良さを演出する。

古くから愛され遠くからも愛され

　店内は入り口からすぐの1階、ちょっとした階段を上った中2階、そしてささやかな階段を降りた地階の3層からなっています。なかでも地階の壁には過去にさぼうるを訪れた人たちのメッセージがたくさん書き残されており、なかには20年以上も前の日付が記されたものもありました。一度来たらもう一度来たくなる、そして遠く離れた街からでもまた訪ねたくなる。さぼうるは多くの人から慕われる居心地の良さと魅力がある場所なのだとあらためて感じました。

「さぼうる愛」を持った若いスタッフらが多くのファンを集める

D：スタッフからの人望が厚い伊藤さん。クリームソーダの調理の際も、若いスタッフに熱心に作り方をレクチャーする。

長く親しまれてきたあれやこれ

E：かつては座敷だったという中2階奥のテーブル席。F：店外に設置された赤電話。現在も通話は可能。

世代・性別を問わず多くのファンが集う

　マスターの鈴木文雄さんは今年85歳。一方で、スタッフを見渡すと男性も女性も、20-30代の若い人が多いことに気づきます。さぼうるは長い時を経て渋い輝きを放っていますが、こうした若い人たちの存在が、世代や性別を問わず、多くの人に愛されている要因の一つなのかもしれません。

(DATA)

所在地：東京都千代田区神田神保町1-11
営業時間：9:00-23:00
（22.30 ラストオーダー）
定休日：日・祝日
電話 03-3291-8404

アール・デコ風
カットグラスと
同調させた
装飾スプーン

「コンパル」の店名は東京・銀座から

「コンパル」。東京・銀座の通りに付けられたこの名前は能楽の一流派に端を発すると言われ、漢字では「金春」と書くそうです。そして群馬県高崎市にある喫茶コンパルは銀座にあった「美人喫茶（美しい女性が給仕する喫茶。戦後間もなく流行した）」の店名が由来なんです、と

マスターの田島さん。

コンパルの開店は1972（昭和47）年。当初は現在のビルの2階、3階という2つのフロアで営業していたこともありましたが、昭和の終わり頃に3階は閉鎖されています。そして、それ以降は2階の1フロアだけの営業となっています。

時間の経過で変化する
微妙な色合いを楽しむ

A：アイスクリームの白とソーダ水のグリーンが複雑にカットされたグラスの光を受け、独特の透明感を演出。B：アイスクリームが溶けてソーダ水の色が変化し、新たな色合いを生み出す。C：ソーダに沈んだ氷と、冷たいグラスに守られたアイスが溶けるか溶けないか。それが一番飲み頃かも知れない。

色んな角度から
カットグラスを味わい
クリームソーダを味わい

20年前からは
個性的なグラスで

　美しい装飾が刻まれたグラスに明るい色のソーダ水。真っ白なアイスクリームが乗ったコンパルのクリームソーダは創業当時、アイスコーヒーに使用する今よりも小さなグラスで提供していたそうです。現在のグラスに変わったのはおよそ20年前、とマスターの奥さま。大きな目を思わせる特徴的なデザインが目を惹きつけます。

　そして、このグラスとテイストを合わせたスプーンを添えて。窓辺のテーブル席に運ばれてきたクリームソーダは、大きく取られた窓から入る外光を受けて、キラキラと輝いていました。

店内外にあしらわれた コンパルの「アート」

A：窓辺の座席は「紅白」に統一されている。B：1988（昭和63）年頃までは3階にも客席があったが、現在は2階の1フロアのみ。C：階段途中の壁に描かれたパターンは、看板のイラストと雰囲気を合わせている。D：看板にある女性のイラスト。マッチには男性もあり女性と合わせると花のようにも見える。

マスターの「地元愛」と「喫茶愛」

　喫茶コンパルのある地元・高崎のご出身だというマスターの田島さん。お話しを伺うと高崎の街を、そして喫茶店を愛する心が伝わってきました。高崎はかつて喫茶店の街と言えるほど、たくさんのお店があったそうです。「50メートルも歩けば3軒くらいの喫茶店がすぐ見つかったんだけどね」。しかし年を経て、今は喫茶店の数も少なくなっているそうです。

　「高崎は夏は暑いけれど、災害が少なくて、冬は雪も少ない。良いところだよ」と教えてくれました。

「喫茶店は文化」を伝える

テーブルを彩る生花

E：喫茶店は「街の文化」と話すマスターの田島さん。各テーブルに生花を飾るのも田島さんのアイデアだ。

長く使われた備品と
長く愛されるマスターと

F：創業時から使い続けているという古いタイプライター。キーには「イロハニ……」の文字も。G：「幼い頃、近くに住んでいた牧師さんにもらって飲んでいたのがコーヒーとの思い出かな」。そんな田島さんが喫茶店を始めてから46年になった。

コンパルのシンボル
少女の由来は

入り口の看板やマッチに描かれた、少し憂いのある女の子の横顔。これは高崎にある、とある高校の美術の先生にお願いして描いてもらったものなのだそうです。開店の時から採用されたとのことですから、半世紀近くが経過していますが、いまも色あせない魅力のある素敵なイラストです。

DATA

所在地：群馬県高崎市鞘町62
営業時間：8:00-18:00
定休日：年中無休
電話：027-322-2184

濃淡3色の
「フロート」
泡沫が窓辺で
強く弱く弾けて

建築書にも紹介された
スマートな内装

横浜の中華街からほど近いJR根岸線・石川町駅で待ち合わせるなら純喫茶モデルはいかがでしょうか。こちらのお店は昭和30年代、同じ横浜市内の戸部で創業。現在の場所には1974（昭和49）年に移転しました。その移転時からほとんど改装していない内装は、昭和の空気を伝えつつ、色あせないスマートさがあ

ります。例えばテーブルのタイル。こちらはイタリア製の高価なもので、今から新調することができないため、大切に扱われています。また、テーブル席を仕切るレンガ製のパーテーションは「赤レンガ倉庫」をイメージ。こうしたハイセンスな内装はかつて建築の専門書に紹介されたこともあるそうです。

A：人気はやはりシンプルなメロンフロートだそう。次女・みどりさんのクリームソーダの思い出は意外にも駄菓子。「ソーダ水やシロップを入れる過程を飛ばして、水に粉を入れただけでいきなりメロンソーダが出来てしまうなんてロマンチックだなあと思っていました」。

時には落ち着いた「大人色」のシックなクリームソーダもいかが

昔から変わらない調度品と新しく生まれたメニューと

B：「ひまわり」を思わせるテーブルのタイル。作画だけではなく、細かく凹凸がつけられているなど、細部にも凝った衣装があしらわれている。C：2018（平成30）年から新たに加わった「ジンジャーフロート」。新メニューはご兄弟で相談して誕生した。

「新しいものもやってみよう」

　現在、モデルは長女・陽子さん、次女・みどりさん、そして末っ子で唯一の男性・たくさんの3人のご兄弟が営業。モデルの創業者は彼らお三方のお母さま・雪江さんで、陽子さん、みどりさん、たくさんに喫茶店のノウハウはありませんでした。そこで移転開業にあたり、「本職のバーテンさん」が「喫茶店の先生」としてやってきました。

　クリームソーダ（メロンフロート）の作り方もその時に教わったもの。フロートは長らくメロン、コーラ、コーヒーの3種でしたが「新しいものもやってみよう」と今年からジンジャーエールにバニラアイスをのせたジンジャーフロートが加わりました。

明暗のメリハリを効かせた
モダンな店内

A：橙色の柔らかい照明が各席を包む店内。
その中でも窓辺は明るい光が差し込む。B：
天井は金属を貼ったモダンな設計。

A B

店名「モデル」の素敵なエピソード

　店名の由来についての素敵なエピ
ソードを次女のみどりさんが教えて
くれました。創業者のお母さま・雪
江さんが20代の頃、洋裁学校に通
っていたそうです。その発表会では
モデルさんたちが美しい衣装をまと
って歩いていました。その姿に自然
と憧憬の思いをもったお母さま。自
分がモデルになるのは難しいけれど、

子どもたちがモデルになってくれた
ら……。

　結局、3人のお子さまも喫茶店を
継ぐことになりましたが、喫茶店を
始めるにあたり、憧れの「モデル」
を店名にしたというわけです。すで
に90歳をこしていらっしゃるお母
さまですが、いまだにお店に立つこ
ともあるそうです。

家族経営ならではの
温かい空気が何よりの魅力

C：レンガを使ったパーテーションは横浜の「赤レンガ倉庫」のイメージから。

モデルは家族の集まる「もう一つの居間」

D：1974（昭和49）年の移転時に導入したというレジスター。「当時は最新鋭だったんだけどね」とみどりさん。今でも現役だ。E：明るい笑顔で取材に答えてくれた次女のみどりさん。モデルについて「家族が毎日集まるもう一つの居間のような場所」と話す。

兄弟に指南を授けた「喫茶店の先生」はいま

　40年以上前、ご兄弟に喫茶店の指南を授けてくれたバーテンさんは生きていたら80過ぎになるそう。「どうしているかなあ、元気かなあ」と思い出すこともあると次女のみどりさん。温かいサービス、コーヒーの淹れ方、そしてクリームソーダに、過ぎし日の想い出は残されています。

(DATA)

所在地：神奈川県横浜市中区吉浜町1-7
営業時間：10:00-17:00
定休日：年中無休（臨時休業あり）
電話 045-681-3636

**創業時の
贅が集う
店内でいただく
昭和のままの
シンプルな一品**

らせん階段、
シャンデリア、
照明に曲線美——

　贅を尽くした意匠の数々。それが純喫茶の大きな魅力の1つです。なかでもぜひご覧いただきたいお店が、1950（昭和35）年創業、JR京浜東北線蕨駅からほど近い場所にある「クラウン」です。

　クラウンは最近では珍しくなった3階建ての純喫茶で、店内に入るとまず真っ先に視界に飛び込んでくるのが大きならせん階段。その中央には大きなシャンデリアがきらきらと光を降り注いでいます。そのほかにもパーテーションとして使われている紫の照明、職人の匠が光るタイルの曲線美など、至るところに素敵な細工が散りばめられ、いつまでも飽きることがありません。

色は強く、濃く

でも甘々はほんのり

やさしく控えめ

A

B

C

A：3代続く喫茶クラウン。その間、さくらんぼがなくなり、グラスが変わるなどのマイナーチェンジはあったが、基本的なクリームソーダの作り方は変わっていない。

メロンシロップを使ったレトロなデザート2種

B：バナナプリンサンデーはメロンシロップの寒天ゼリーのほかバナナを惜しみなく使ったボリューム大のデザート。

C：コースターの明るいブルーと、氷にソーダ水が透けて生まれるライトグリーンがマッチして女性的な世界を演出

風味豊かなシロップはいろいろなメニューに

メロンソーダは創業当時にはさくらんぼが乗っていたそうですが、現在はシンプルなソーダ×バニラアイスのスタイル。深みのあるグリーンの見た目とは違いソーダ水はやや甘さ控えめですが、メロンシロップの風味はしっかりと香ります。

このメロンシロップはクリームソーダのほかにもバナナサンデーやあんみつ、パフェなどに添えられたゼリーにも使われています。寒天をメロンシロップに漬けて作るという明るいグリーンのゼリー、見ているだけで心が楽しくなるアイテムです。

A：シャンデリアを巻くよ
うに作られたらせん階段。
アイボリー、ワインレッド、
銀と色調のコントラストも
美しい。

1階フロアから階上を望む

B：1階フロア。ボックス席は
6人掛けのゆったりしたチェア
が中心。C：3階までの吹き抜

けを見上げて。まるで雪の結晶
のように降り注ぐシャンデリア
は壮観そのもの。

店内入口には噴水もあった

　数々の見どころがあるクラウンの店内ですが、何といってもやはり目を引くのは入口に設けられた雪のようなシャンデリア。これは15,6年前の改装で誕生したものだそう。そのシャンデリアのある場所の下には、以前は噴水も作られていたそうです。

　らせん階段を上った2階は、かつて一般客に開放していましたが、現在は予約した団体のお客さま向けに利用されています。また、さらに上った3階も客席として作られたフロアですがこちらは創業以来倉庫として使われています。

一般に開放しても
相席になったことも

D：吹き抜けのシャンデリアとテイストを合わせた2階フロアの照明。E：現在の2階フロアは団体利用のみ。しかし美しく清掃し、いつでもしようできるように準備されている。

普段は使われない
2階は「特別フロア」

2階の内装にも
気の利いた箇所が

F：中央に空いた階段の穴も内装のアクセントに。G：かぼちゃのような形の照明カバーも昭和モダンを感じさせる。

再び陽が登る日のために
美しく保たれたフロア

過ぎし日の好景気に
想いを巡らせて

「今ではもう作ることのできない建築だから」と3代目マスターの本田さん。確かにこのゴージャスな純喫茶は創業当時だからこそのものかもしれません。高度成長のただ中にあった好景気。今はなき昭和の時間を空想する、贅沢な時間を過ごすことができるのがクラウンの魅力です。

DATA

所在地：埼玉県川口市芝新町 3-19
営業時間：8:00-21:00
定休日：日曜日
電話 048-266-1207

本物の
フルーツを使用
香りや味わいを
堪能できる逸品

資生堂で生まれた日本初のクリームソーダ

1902（明治35）年、現在の銀座8丁目にあった資生堂洋風調剤薬局に作られた「ソーダファウンテン」コーナーにおいて、日本で初めてのソーダ水と当時まだ珍しかったアイスクリームの製造販売がスタートしました。これが日本で最初のクリームソーダの誕生と言われています。当時の記録を見ると、コーヒー1杯が2銭※という時代に25銭。かなり高価なものだったようです。

1903（明治36）年のジャパンタイムズ掲載広告によると、この当時は20種類ほどのソーダ水があったよう。現在、資生堂パーラーのアイスクリームソーダは「レモン」と「オレンジ」が定番、この他に毎月1種類、季節ごとのフルーツを使ったメニューが登場します。

※「値段史年表 明治大正昭和」（朝日新聞社）による。

資生堂パーラーの
ルーツである代表メニュー

A：皮を煮出して香りをつけている
というレモンのアイスクリームソー
ダ。B：定番のアイスクリームソーダ
2種は「資生堂パーラーを代表するメ
ニューだと考えています」と橋本飲料
長。C：この月の「季節のアイスクリー
ムソーダ」はストロベリー。月替わり
となる限定メニューでは、果実が添え
られているものも。D：バニラアイス
クリームは、現在も1902（明治35）
年の創業当時からの配合を元に作られ
ている。

色はやさしいパステル調

でも風味はしっかり

旬のフルーツで仕立てる限定メニュー

　アイスクリームソーダのソーダ水
は、果肉や皮を液体シロップに漬け
込み、香りをつけたものとソーダを
攪拌して作られます。使用される果
物の品種は「飲料長」の橋本さんが
伝統のバニラアイスクリームに合う
ものをよく吟味した上で決定。月
替わりとなる季節限定フレーバーは、
できる限り産地にもこだわった旬の
フルーツで仕立てているそうです。
橋本さんに「作り方が難しいフレー
バーは？」と聞いてみました。答え
は「桃やパイン」。これらは缶詰の
ような味になってしまいがちなので、
本物のフルーツの味わいを出すのが
難しいのだそう。上品な味を追求す
る資生堂パーラーらしいエピソード
ですね。

A：壁、椅子、天井……。ビルの外装と同じく、サロン・ド・カフェの内装はレンガ色が中心となっている。

各所に見られる高いデザイン性

B：東京銀座資生堂ビルの設計は、バルセロナ＝エル・プラット空港などの設計を手がけたスペイン出身の建築家リカルド・ボフィル氏が担当。第28回東京建築賞優秀賞を受賞している。C：テーブルクロスは資生堂のシンボルマークなどがデザインされている。

銀座にふさわしい伝統のメニュー

　現在の東京銀座資生堂ビルは2001（平成13）年にオープン。かつて銀座が「レンガの街」と言われたことなどから、外壁はシックな赤に。また、アイスクリームソーダがいただける3階の「サロン・ド・カフェ」も同じくレンガを思わせる渋い赤が多用されています。

　飲料長の橋本さんはアイスクリームソーダについて「伝統のメニューなので、強い想いをもって作っています」と話してくれました。当時は新橋芸者衆がお稽古の合間に楽しんでいたそう。モダンでハイカラな魅力をもつ銀座の街で長らく、多くの人々をときめかせてきた資生堂パーラー。その資生堂パーラーでいただけるアイスクリームソーダもまた銀座らしく洗練された魅力をもった逸品でした。

モダンな時間を演出する

心地良い光が差し込む店内

D：窓辺の座席の数は7つ。窓は大きく取られているが、座席はいずれも外光が入りすぎないよう、配慮されている。

定番のフレーバーは創業当時のメニューにも

E：1928（昭和3）年頃の資生堂アイスクリームパーラーのメニュー。現在のアイスクリームソーダの定番メニューであるレモン、オレンジはこの当時からすでにあった。

(DATA)

所在地：東京都中央区銀座8-8-3 東京銀座資生堂ビル3F
営業時間：11:30-21:00（火〜土）11:30-20:00（日・祝）
定休日：月曜日（祝日の場合は営業）
電話 03-5537-6231
（予約不可）

楽しみ方
いろいろ
1杯で2色の
ペアソーダ

お店の名前は
仏文学の作品から

　「ジュリアンというお店の名前の由来について教えてください」という質問に、ママの小川さんから返ってきたのは想像を越える素敵なものでした。19世紀にフランスで著された文学作品『赤と黒』の主人公のジュリアン・ソレルから名付けられ

たというのです。

　その店名にふさわしい西洋風の丸い窓は35年ほど前の改装で誕生したもの。神奈川県茅ヶ崎市にあった建築事務所・川崎デザイン湘南にデザインを依頼し、スマートな外観が出来あがったのだそうです。

色々な角度からグラスのデザインを楽しむ

A：横から見ると、グラスは中央の仕切りの上部で少し窪んだハート形をしている。B：グラスの下部は細かく刻みが入り、緑と赤が美しいモザイク模様に。

C：大きすぎないグラスのサイズも人気の秘密。アイスクリーム、ソフトクリームともに1人でも十分にいただけるくらいのボリュームだ。

緑×赤を楽しみ　アイスクリーム×生クリームを味わう

幸せなクリームソーダは
グラスから生まれた

　ジュリアンでも最初は一般的なグリーンのクリームソーダ一色だったそうです。しかし開店からしばらくした時、食器の問屋さんで小川さんが間に仕切りの入ったペアグラスを見つけました。そこで誕生したのが2色のクリームソーダを一度に楽しめる「ペアソーダ」でした。

　一人で2つの味を楽しむのもよし、誰かと幸せを分かち合うのもよし……。見た目もユニーク、そして食べて満足感のある他にはなかなかないクリームソーダを楽しめるのがジュリアンの大きな魅力です。

A：店内に置かれたショーケース。個性的な
メニューの数々は小川さんのご主人である先
代のマスターが考案したものだ。

ハイセンスな店内の照明２種

B：ブドウ型の照明。使われている調度
品のカラーは欧州風に統一されている。

C：窓辺の席の照明もユニークなデザイ
ン。これもマスターのセレクトだ。

大切にされてきた
こだわりの備品・調度品

映画のロケでもよく使われるとい
う喫茶ジュリアン。店内の各所にフ
ォトジェニックな空間があります。
中でもやはり魅力的なのは丸窓を店
内から眺める窓際の席。ベージュ色
のカーテンが優しい光を店内に透し、
落ち着いた雰囲気を醸しています。
また、照明やゲーム機、円筒形をし
た木製のメニューなど、どれも長く
使用されてきましたがきれいに磨か
れ大切に使われてきたことがわかる
のです。

ジュリアンならではの店内の魅力あれこれ

D：窓の縁を石が飾る個性的なデザインの丸窓。E：かつてはよく見かけたテーブルゲーム。ジュリアンのゲーム台はいまでも現役だ。F：座席の一番人気はやはり優雅な時間を演出してくれる窓辺の4人掛け。G：テーブルの上のメニューはユニークな円筒形。

珈琲のように

より深くなる滋味

時を経てなお

珍しいラインナップも楽しみの一つ

　ティーワイン、アイス・ド・ジュニア、アメリカンスカッシュ……。ジュリアンには、ペアソーダの他にもよそではあまり見ることのできないメニューが並んでいます。心を癒してくれる落ち着いた空気がジュリアンの大きな魅力ですが、こうした個性的なメニューを眺め、次はどれを頼んでみよう、と悩む楽しみも通いたくなる理由の一つですね。

(DATA)

所在地：神奈川県藤沢市藤沢110
営業時間：9:00-18:30（月〜金）11:00-18:00（土）
定休日：日・祝日
電話 0466-22-7955

喫茶
ジュリアン

静かな光の
窓辺に並ぶ
3種のフロート

友人に誘われて入った喫茶店での出会い

古城の女性店主は小泉さん。2009（平成21）年までマスターをしていたご主人とのなれ初めがこの喫茶・古城だったそうです。そのエピソードについて話してくれました。

まだご主人と会う前、小泉さんは好きだったナポリタンを求め、古城を訪ねました。そこで食べたおいし

いナポリタンをご主人が作っていたのです。今でも大好きだというナポリタンを注文すると、その美味しかったこと。それ以降、常連客となり、ご主人と近しくなりました。しかし、夫婦の仲にまでなるとは初めてお店を訪ねた当時、まさか思っていなかったのではないでしょうか。

赤・茶・グリーン

バニラアイスが浮かぶ

重厚な雰囲気の天井や内装

A：古城のフロートは3種。甘さならイチゴ、爽やかさはソーダ、リフレッシュしたいならコーラがオススメ。B：大きな梁がむき出しになった店内。開店当初、相当なお金をかけて作られたものだという。C：古城オリジナルのイチゴミルクフロートは、小泉さんがお店に来る前からあったメニューだそうだ。

３種のうち１つは
炭酸なしのフロート

3種類ある「フロート（ソーダフロート、コーラフロート、イチゴミルクフロート）」のうち、特徴的なのは「イチゴミルクフロート」。3種のうちこれだけは炭酸が入っていません。イチゴシロップにミルク、イチゴジャムを入れて作る、古城オリジナルの「フロート」で濃厚な甘さが特徴です。

DATA

所在地：栃木県宇都宮市中戸祭1-8-15
営業時間：9:00-19:00
定休日：日曜日
電話 028-624-0483

ジャズの流れる
寛ぎの空間に
はじける炭酸と
ノートに残る
甘い恋

寛げる店はあっても
寛げる人が減って——

　1979（昭和54）年開店の喫茶ト
ロピカル。店内にはジャズが流れ、
マスターが時間をかけてこつこつと
集めてきたこだわりのアンティーク
たちが並んでいます。

　マスターもママも「シャイだから、
自分たちから話しかけることはあま
りない」とのことですが、かつて常
連で毎日のように会っていた人たち

が歳をとり、年々顔を見せなくなっ
ていく、と残念そうに話します。ま
た「今は色々と厳しい世の中だから、
サラリーマンたちも仕事中にさぼれ
なくなっちゃったのね。日中、スー
ツ姿で寛ぐ人たちも昔と比べると減
ってしまった」と、どうすることも
できない時代の流れを寂しそうな表
情で教えてくれました。

ラインナップは変われど変わらない人気

A：創業時から少しずつオリジナルメ
ニューを増やしてきたという中でクリー
ムソーダは変わらない人気メニューの１
つ。B：ソーダは創業時からグリーン１
色。アイスクリームに乗るサイズも変わ
らない。C:かわいらしい花柄のソーサー
はママによるセレクト。D:クリームソー
ダに合うというわかめスパゲッティ。オ
リジナルメニューはいずれもマスターの
アイデアだ。

「オリジナル」にも合う
創業以来の定番

クリームソーダに合う
創作メニューは

　広口のグラスに大きなアイスクリ
ーム、花柄の上品なソーサーに乗っ
たクリームソーダはトロピカルの昔
からの人気メニューです。このクリ
ームソーダに合うメニューをママ
に尋ねてみると、「わかめスパゲテ
ィね」という意外な答えが返ってき
ました。早速注文してみると、スパ
ゲティの上にたっぷりのわかめ、コ
ーン、マッシュルームに紅ショウガ。
程良い塩気が癖になり、口に運ぶ手
が止まらないおいしさでした。お好
みでマヨネーズとマスタードをつけ
て頂くとまた一味ちがいます。

1979（昭和54）年の創業から改装せずにそのままの店内。調度品などはご夫婦でセレクトしたものが今も使われている。

A

B

C

お店とともに時を経て集まったコレクション

B：マスターの趣味の骨とうが少しずつ増えてきた。「価値のあるものはない」と話すが中には随分古いものも。C：金属製のシェードによる柔らかな光。

思い出を綴った「来客ノート」

　20年ほど前までは近くに茨城県庁があり（1999（平成11）年に移転）、トロピカルはたくさんの人で賑わったそうです。店内にはその頃からあるという「来客ノート」が今も残されていました。中身をちょっとのぞいて見ると、どこか甘酸っぱい青春の記録が綴られています。

　ママによれば、近くにある水戸一高や水戸三高などの生徒が書き残していったもので、中には現在50代になる人もいるそう。創業から40年近くもトロピカルに通い詰めている常連客の人にとっては、このノートはまさに想い出を綴った宝物なのかも知れません。

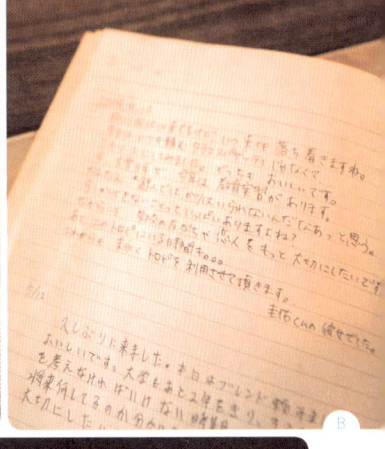

お客とマスター、

そしてママが作ってきた

トロピカルの歴史

マスターのセンスが行き届いた店内外

A：今は配布していないという マスターのイラストが描かれ たマッチが残されていた。B： 日記の日付は 2004（平成16） 年。甘い恋の記録を記した彼女 は今、どうしているだろう。C： 店外に置かれたバイク・Vespa はマスターの愛車。D：カウン ター周辺にもマスターの趣味品 が積まれている。

「ジャズ喫茶」ではない
通いたくなる場所

　マスターの趣味で店内にはいつも 心安らぐジャズの音色が聞こえてい ますが、ジャズを聴く人だけにしか 来られないジャズ喫茶にはしたくな い、というマスターとママ。雰囲気 に合わせた内装は開店前にご夫婦で 選ばれたそうです。トロピカルに はここにしかない寛げる空間があり、 それが長く通う常連客をつなぎ止め ているのでしょう。

(DATA)

所在地：茨城県水戸市南町
1-3-3
営業時間：8:00-19:00
定休日：日・祝日
電話 029-226-6907

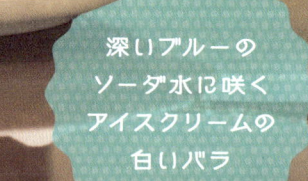

深いブルーの
ソーダ水に咲く
アイスクリームの
白いバラ

喫茶店の仕事は
「夢を売ること」

1973（昭和48）年11月に柏髙島屋が開館。それからおよそ半年後にコーヒープラザ壹番館は開店しました。中3階という特殊な立地にあり、壱番館はかつては倉庫として使われていたそうですが、これが横に長い開放的なカウンターの設置につながりました。また、「喫茶店は夢を売る場所」とマスターの平井さん。華麗な雰囲気の個室もあり、ただコーヒーを飲む場所ではない、平井さんの信念が伝わる純喫茶が壹番館です。

熟練により咲いた

精巧な花びら

A：「見て美しく、食べて美味しいことが大切」と平井さん。クリームソーダは夏になると1日4〜50も注文があるほどの人気メニュー。

磨かれたテーブルに生える青と緑の共演

B：時間が経つと、アイスクリームが溶けて花弁の中央にソーダがにじむ。

C・D：通常は青いクリームソーダが運ばれてくるが、注文時に頼めば、ソーダ水を緑にもできる。底が膨らんだグラスの形も、美しい色合いを際立たせている。

「バラ」誕生のきっかけは
お客さまへの気づかいから

およそ150種類もあるというメニューの中で、訪れる人たちを最もときめかせているメニューは、深い青に輝くソーダ水にバラを象った白いアイスクリームを乗せたクリームソーダです。ちなみに青いソーダ水はグリーンに変更も可能、こちらも美しい色合いです。

でもなぜバラ？ 高島屋のトレードマークだから？ マスターの平井さんに聞いてみました。「丸いアイスクリームのかたまりは小さなお子さんが食べにくそうにしているので、どうしたら食べやすいか、考えてみたんです」。その結果、誕生したのがバラの花びらのアイスクリームを乗せたクリームソーダだったというわけです。

A：店内は横に長い間取りでカウンター席も広々としている。

マスターお勧めの壹番館の魅力×2

B：テーブル席の一部では美しい装飾を施した窓を楽しめる。
C：マスターおすすめメニュー

の1つ、オレンジジュース。グラス上部に飾りつけられた皮から爽やかな香りが立ち上がる。

グラスの上で香る
フレッシュな果実

　マスターの平井さん、クリームソーダの他にもオススメメニューを紹介してくれました。そのひとつがフレッシュジュース。なかでもオレンジジュースは生の果実を絞ったあと、皮に切り込みを入れてグラスの上に飾っています。こうすることで香りを楽しんでもらおうという狙いですが、素材を使い切ることで無駄を出さないということにもつながるといいます。平井さんの愛情を感じるお話しでした。

豪奢な調度品が飾る
店内奥の団体用個室

D：店内奥の個室は主に団体客用に使われている。

「見て美しく、食べて美味しい」

E：個室では椅子などの調度品もゴージャスなものが使われている。背もたれには豪奢な刺繍が施されていた。F：制服の赤いシャツがお似合いのダンディーな平井マスター。「見て美しく、食べて美味しい」が壹番館のモットーだ。

多いときにはお客が300人を超すことも

　現在、休日を中心に多いときは1日300人以上もの人が壹番館を訪れるそうです。それでもマスターのお客への気づかいは尽きることがありません。現在、バリアフリーの作りになっていないため、近々改装することも考えているそうです。

DATA

所在地：千葉県柏市末広町3-16 柏タカシマヤ 中 3F
営業時間：10:00-19:00
定休日：年中無休（柏高島屋 T 館の休館日は休業）
電話 04-7143-2945

Hosekibako & Sepia

虹色のクリームソーダで
思い出の昭和へタイムトリップ

喫茶宝石箱（写真左）

東京都世田谷区

喫茶セピア（写真右）

東京都葛飾区

赤いさくらんぼの
クラシカルな姿
でも色はビビッドで
モダンな宝石6種

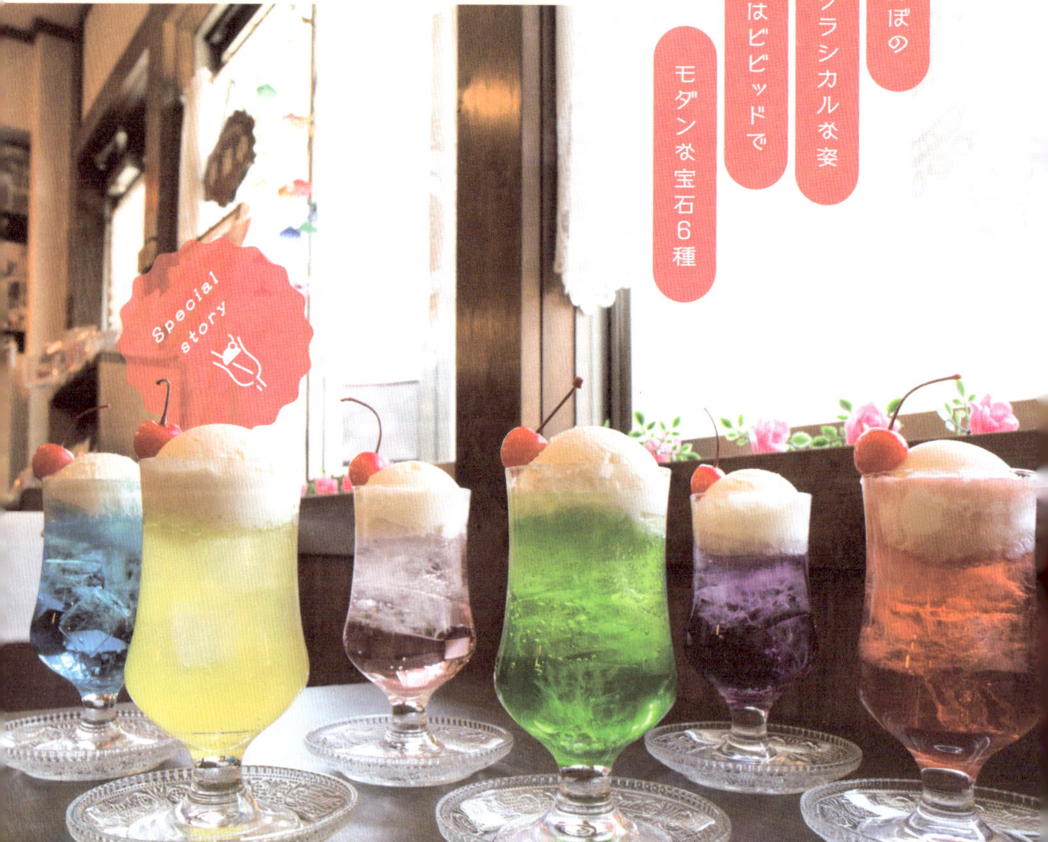
Special story

明るい陽射しを
グラスに浴びて
パステルに輝く
7色のソーダ水

「昭和」の雰囲気を再現した
都下東西のレトロ喫茶2軒

都心を挟んで東京の東西に2つ、「懐かしく麗しい昭和」を形にしたいという店主の想いから開店した純喫茶があります。どちらのお店でもクリームソーダは看板メニューの1つで、色とりどりの美しいラインナップが迎えてくれます。

東にあるのは山田洋次監督の映画「男はつらいよ」で知られる葛飾区柴又の「セピア」。そして西のお店は住宅街として知られつつ、どこか下町の雰囲気も残す世田谷区烏山の「宝石箱」です。どちらのお店も一歩中に足を踏み入れた瞬間から、タイムトリップしたような感覚を味わうことができる素敵なお店です。

アメジストの海に浮かぶ
雪のようなバニラと
頬紅色のチェリー

喫茶宝石箱

昭和40-50年代の想い出で彩られた店内

A：紫色のクリームソーダは巨峰でメニュー名は「アメジスト」。他にメロン（エメラルド）、ストロベリー（ルビー）、パイン（トパーズ）、ピーチ（ローズクオーツ）、ラムネ（アクアマリン）の6種が定番で、さらに季節ごとの限定フレーバーが加わる。B：店内の「昭和グッズ」は店主である金井さんのコレクション。喫茶宝石箱の開店前からのものに加え、最近になって新たに増えた宝物も多い。C：主に昭和40-50年代のグッズが中心。店名の「宝石箱」もこの頃に売られていたアイスクリームから名付けられたそう。

思い描いていた店を形にした夢のレトロ喫茶

　喫茶宝石箱の店主・金井さんがアパレル勤務や事務職などを経て喫茶宝石箱を開店したのは2009（平成21）年。以前から、昭和の雰囲気を演出した居酒屋やバーに通っていましたが、なかなか自分にぴったり合うお店がありませんでした。それなら思い切って自分でと思い立ち、始めたのが喫茶宝石箱です。

　開店当時クリームソーダは2色でしたが、金井さんのアイデアで徐々に数が増え、現在では定番の6色に加え、季節ごとに限定クリームソーダも登場。「宝石箱」の名の通り、ソーダの色ごとにそれぞれに天然石の名前が付けられています。

所在地：東京都世田谷区南烏山4-18-18 小山マンション102
営業時間：12:00-18:30（18:00 ラストオーダー）　定休日：水曜日 電話：03-5969-8577

恋心を惑わす
甘くやさしい
橙・赤・白のトリカラー

喫茶セピア

踏切の音に誘われ
ノスタルジアな店内へ

　都内では数少なくなった、踏切の音が響く柴又駅の線路脇に「喫茶セピア」はあります。

　店内に所狭しと並ぶおもちゃは商品として販売されているものも。また子ども部屋を模して作られた2階席もあり、こちらは貸切も受け付けています。

　クリームソーダは7色に加え季節限定の1種、さらに特別メニュー「大人のクリームソーダ」は下町らしく焼酎「キンミヤ」でジュースを割ったカクテルで、アイスクリームにミカンやさくらんぼ、レモンの輪切りを添えたボリュームある一品です。

所在地：東京都葛飾区 7-4-11
営業時間：10:00-18:30（18:00 ラストオーダー）　定休日：火・水曜日　電話：03-6657-8620

A：シロップ漬けのフルーツはかつてさくらんぼだけだったが、昨年からはみかんも加わってより華やかに。B：パイナップル型のグラスを使ったボリュームある一品は「大人のクリームソーダ」。2種のフルーツにレモンの輪切りを加えた可愛らしい一品だが、焼酎を使ったカクテル。C：セピアの店舗はかつて和洋品店で、長谷沢さんも訪れたことのある店だった。D：畳敷きの2階席は和洋品店の時代には住居として使われていた部屋だという。

クリームソーダの
シロップ

クリームソーダの色を決める
色とりどりの「シロップ」。
そのシロップを製造する業務用飲料メーカーは、
クリームソーダを作る純喫茶から
長い間必要とされてきました——。

A：京都・ブルボン（120頁）では中村商店の紙パック入りシロップを使用。中村商店は大阪のメーカーだが全国各地の店舗に卸しているそうだ。B：和歌山・まるき（114頁）で使用している「ダートコーヒー」のシロップも製造は中村商店が行なっているものだ。C：中村商店のスタイリッシュな瓶入りシロップは3種。左からいちご、メロン、ブルー（ハワイ）の3種。喫茶店だけではなくカクテル用に使うバーからの注文も少なくない。D：サンクラウン果精のシロップ2種（左：ブルーハワイ、右：メロン）。これらはオンラインショップでも購入でき、自分でもクリームソーダを作ってみたくなる。

クリームソーダの色を決める
シロップ製造の老舗、東西2社

　大阪・天王寺区で1935（昭和10）年から業務用飲料を製造してきたのは中村商店。この本で紹介しているお店でも京都のブルボン（120頁）などが中村商店のシロップを使用しています。「キャプテン」のブランド名で販売している業務用シロップには、紙パック入りの1800mlとガラス瓶入りの600mlの2種があります。特に瓶入りのものは見た目もスタイリッシュで素敵です。これらのシロップはおよそ30年前から製造が開始されたそうですが、当時からレシピなどは変更していないそうで、昔ながらの爽やかな風味が活きています。

　業務用シロップを製造するメーカーを東日本からもう1社、ご紹介しましょう。東京都江東区に本社をもつサンクラウン果精です。こちらは2018（平成30）年でちょうど節目の創業100年。炭酸飲料の製造会社としてスタートし、業務用シロップの製造販売はおよそ70年前から。こちらの会社でもシロップのレシピは製造当初から変わっていないそうです。

リクエストで
復活した2種の
クリームソーダ

店舗正面の意匠は
思い出の喫茶から

　名古屋市西部の市街地、中村区にある喫茶ロビン。こちらの店舗正面には、木材をむき出しにした西洋風の意匠があしらわれています。この特徴的なデザインは、今から数年前に亡くなったマスターと、現在お店を切り盛りしているその奥様の思い出の純喫茶を参考にしたものだそうです。

　その純喫茶とは大阪・心斎橋にあった「BC」。この純喫茶は、今はもうありませんが、知る人ぞ知る素敵な純喫茶でした。このBCの外観を参考に、「飽きのこないデザイン」をテーマにして完成したのが、喫茶・ロビンです。

家庭的な雰囲気に
マッチしたトールグラス

A：氷は少なめ。アイスクリームとソーダ水の混ざり合った濃厚な甘さが、運ばれてきてから間も無く楽しめる。B：グラスはシンプルな形のトールグラスで、店内の家庭的な雰囲気とマッチしている。C：どちらかというと、注文はグリーンの方が多い印象だという。D：炭酸水やシロップなど、銘柄は開業当時から変えていない。E：通常、ストローやコースターはつかず、スプーンでいただく。

バニラアイスが

宝石のような色に

溶けてゆく——

メニューから
消えてしまった過去

　クリームソーダは1955（昭和30）年、ロビンの創業当時からあったそうです。しかし、昭和、平成と時を経るにつれてだんだん注文する人が少なくなり、クリームソーダがメニュー表から外されてしまった時期がありました。ところがここ数年、お客さんから「クリームソーダはないんですか？」と聞かれることが多くなりました。そこで昨年（2017年）、メロン、ストロベリーという種類のクリームソーダが復活。現在ではロビンの人気メニューの1つとなっています。

A：カウンターとテーブル席が
少し。店内は決して広くはない
が、この雰囲気と気さくなママ
の人柄に惹かれて、遠方からも
多くの人が訪れる。

カウンター席で
「ロビン」を堪能

B：テーブル席の脇に貼られた
ママのお孫さんが描いたイラス
ト。C：カウンターチェアーに
使われたモケット生地には、よ
く見ると美しい装飾が施されて
いる。

祖父、母そして4世代目へ

　カウンターの後方には「ブラジル」
「モカマタリ」など、豆の種類につ
いて解説を記したコーヒーのメニュ
ー表があります。「昔はいろいろな
豆を扱っていたんだけどね」とママ。
注文がないと豆が古くなってしまう
ので、現在ではレギュラーコーヒー
のみだそうです。ロビンのカウンタ
ーに立つのはママとそのお母さま、
そして少し離れた場所にすむ娘さん
夫婦という典型的な家族経営の純喫
茶です。しかし、ママのお祖父さま
の世代から数え、お父さまとお母さ
ま、そして息子さんご夫婦まで含め
ると4世代、ロビンは60年以上も続
いている老舗の純喫茶なのです。

瀟洒な外観は
大阪の名喫茶がモデル

D

E

外装、内装ともに垢抜けたデザイン

D：2階の中央部分（「田」の字の部分）は観音開きの扉風の装飾を施してあるが、実際に窓として使うことはできない。E：柱や梁をむき出しにした内装も大阪にあった喫茶「BC」を参考にしたデザイン。F：「サービスしてクリームソーダのアイスをついつい多く乗せたくなっちゃうのよね」とママ（左）。マスターが亡くなってからは息子さん夫婦が手伝いに来てくれることも増えたそうだ。

F

(DATA)

所在地：愛知県名古屋市中村区寿町36
営業時間：4:00-15:00
定休日：日曜日（祝日は営業）
電話 052-481-2329

スマートな
グラスと
海を臨む
窓辺の席

今はなき流行車の名を継いで

四季を通して観光客でにぎわう伊豆半島の付け根の熱海。ここにおよそ半世紀前から続く純喫茶・サンバードがあります。大きく取られた窓からは海が見え、一日を通して明るい光が差し込む素敵なお店です。サンバードのある建物の1階は日産自動車の販売店。そして半世紀前の開店時も今と同じように1階は日産自動車でした。実はこれがお店の名前の由来になっているようです。サンバードのマスター・内田さんは「両親が付けた店名なので今となっては詳しくわからないけれど、当時流行していた日産のブルーバードと熱海の太陽を組み合わせてサンバードと付けたように思います」と教えてくれました。

ポイントは7：3

甘過ぎない魅力

COFFEE
SUNBIRD

「溶けていく様子も楽しんで欲しい」

A：炭酸は強め、氷は少なめで運ばれて
きてから長く楽しめる配慮がされてい
る。B：「アイスクリームが溶けていく
様子など、見た目も楽しんで味わってほ
しいですね」とマスターの内田さん。

C：日の丸を思わせる紅白が鮮やかな
コースターのデザイン。鳥のエンブレム
はご両親がプロのデザイナーに頼んだも
のと聞いているそうだが、詳しくはわか
らない。

調理のポイントは「甘すぎないように」

クリームソーダのシロップとソー
ダ水の割合は7：3くらい。「これく
らいが甘すぎないちょうどいい割合
なんです」と内田さん。ポイントは
甘すぎないように、そして炭酸が強
めのソーダ水を使うことだそうです。
強めを使うのは炭酸が抜けにくいか
らで、できるだけ長くクリームソー
ダを楽しんでもらおう、という内田

さんの心配りからです。
現在のクリームソーダはグリーン
の「メロン」1種だけですが、30年
ほど前に赤いシロップを使った「ス
トロベリー」を発売してみたことが
ありました。しかし、ストロベリー
は思いのほか注文が少なく、残念な
がらすぐにやめてしまったとのこと
でした。

A：海岸線からは道を隔て
て少し離れているが、よく
晴れた日には窓辺のテーブ
ル席で柔らかい陽の光を楽
しみながらくつろぐことが
できる。

懐かしく、そしてハイセンスな内装

B：内装はサンバードを開店し
た内田さんのご両親によるセレ
クト。開店時からのものが現在
も使われている。C：花びらを
散らしたカーテン、市松模様の
床、象牙色のソファーなどどこ
か懐かしく、かつ気の利いた内
装が心地よい。

活気が戻ってきた熱海、そしてサンバード

　古くから観光地として知られる熱
海ですが、平成に入ってから少し観
光客が少なくなった時期がありまし
た。しかしサンバードのマスター・
内田さんは2010（平成22）年頃か
らだんだんと、20代、30代など若
い世代を中心とした観光客が熱海に
戻ってきたといいます。「熱海の魅
力が若い人たちの間で見直されてき
たのではないでしょうか」。サンバー
ドを訪れるお客さんも、現在では
若い人の割合が増えているそうです。

ブルーバードから名付けた
「太陽の鳥」は赤が基調

陽が落ちた後に輝く
赤い「SUN BIRD」

D：特徴的な形のテントを横に
つなげた雨よけも心を惹きつけ
るレトロなアイテム。E：2階
へ登る階段の入り口にある電飾
サイン。陽が沈むと、サンバー
ドのイメージカラーともいうべ
き赤い光が灯る。

(DATA)

所在地：静岡県熱海市東海
岸町 2-15
営業時間：8:00-19:00
定休日：水曜日
電話 0557-81-3667

> ルビーのような
> 鮮やかな赤に
> アイスが溶けて
> 妖艶なピンクに

かつては側面にも 「目玉」があった

「一度通りかかったら忘れられない外観にしたかったんだ」といたずらっぽく笑うマスターの高橋さん。確かに大きな目玉を思わせるオブジェをあしらった外観は、初めてお店を訪れる人に強烈なインパクトを与えることでしょう。

　以前は入口のあるお店の側面、そして反対側の側面にも目のオブジェがありましたが、老朽化により撤去され、現在は正面だけに「目玉」があります。

　高橋さんは1973（昭和48）年にサラリーマンを辞めて開店、店内外の設計は全てご自身で手掛けられたそうです。

A：ソファー等の内装と調和した赤、空色のテーブルによく合うグリーン。ミロの開業時からクリームソーダはこの2色だった。

刺激的な紅、でも甘いソーダの海にしばし見とれて——

強い、深い赤にアイスが溶けてゆく

B：真っ赤なソーダを湛えたグラスの底は妖しく美しく心をかき立てる。C：作り方はシンプル。しかし紅白のビビッドカラーはやはり心惹きつける。

かき氷にも使われた「赤」×「グリーン」のシロップ

　ミロのクリームソーダは1971（昭和46）年の開店時から赤、そしてグリーンの2種類。以前は同じシロップを使った「かき氷」もあったそうですが、現在はメニューから消えています。

　この本で紹介しているお店で、開店当時から2色以上のクリームソーダを揃えているところはそう多くありません。なぜこの2色だったのか、マスターに聞いてみました。答えは「考えてみたこともなかったなあ。最初から2色で行こうと思っていました」とのこと。クリームソーダは内装や外装と同じく、パッと目を引く強い色のセレクトでミロのメニューの中でも大きな存在感を放っています。

質実とも優れた「目玉」

A：外観の「目玉」について「（中央の部分は）モルタル造りで結構手間がかかるんですよ」と高橋さん。何度か塗り直すなどし、現なも美しい姿を保っている。B：目玉を中から見た様子。適度な外先を取り込み、デザイン性だけではなく実用性も高い。C：入口側にはアールのついた階段を設置。以前はこちら側にも目の形のオブジェが使われていたそうだ。

地域の喫茶の流行を先取り

外観は目玉のオブジェだけでなく、店内入口への階段やその上の雨よけテント、入口の「COFFEE ミロ」の書体など目を凝らすと随所に魅力的な箇所があります。また外観だけではなく、内観にもそこかしこに凝った意匠が散りばめられています。例えば特注だというカラフルな照明、カウンター席のアーチなどなど……。どこかのお店を参考にしたのかと思いましたが「特に参考にしたお店はありません」とのお話し。岐阜県可児市で最初にできた喫茶店だというミロこそが、開店当時、他の店の参考になるようなおしゃれな店だったのかもしれません。

派手すぎず、けれど──

印象的な店内の装飾

D：天井に設置された色とりどりの照明は今でもマスターお気に入りの内装だ。

ミロのヴィーナスが
お客を迎える店内

E：開店当初はお酒を出していたこともあり、洒脱なスナックの雰囲気を意識したというアーチ型の装飾。F：テーブル席の奥には店名の元となった「ミロのヴィーナス」が。

常連を気づかう
マスターの優しさ

「常連さんになるとほぼ毎日来る人もいるから、急に姿を見なくなると心配になってしまうんだよね」と話すミロのマスター高橋さん。

立地は少し不便ですが、近くに住む人だけではなく初めてお店にやってきたという人たちのなかにも、この高橋さんの優しさに惹かれてもう一度ミロを訪ねたいという人は少なくないようです。

DATA

所在地：岐阜県可児市今渡
1619-184
営業時間：7:00-18:00
定休日：日曜日
電話 0574-62-3234

丸底の
グラスに
ソーダ色の
マドラーを
挿して

生演奏を思わせる
深い音が
目当てのお客も

　JR小松駅から西へ。小さな商店街の横道を入ってゆくと、軽快な音楽が耳に飛び込んできました。パーラーアコ。今年で87歳になるというマスターの岡野さんは「とにかく自分の店を持ちたかった。別に喫茶店じゃなくても良かったんだけど、今となっては喫茶店で良かったと思っていますね」と話します。

　店に入るとまず目をひくのは、JBLオリンパスのスピーカー。オーディオ好きにはたまらない逸品ですが「そんなに興味がなかったのに買っちゃったんだ」と、マスター。それでも今ではこのオーディオから流れる、まるで生演奏のような深い音を目当てに店を訪れる人もいるそうです。

美しいソーダを愉しみつつ

ジャズの音に身を任せて

A：1970年台後半に訪れたオーディオ
ブーム。岡野さんの関心とは別に高価
なオーディオは偶然アコにやってきた。

アール・デコを思わす
曲線的なグラス

B：グラスの下部は丸く窪んでいて、
グリーンのソーダが美しいフォルムを
彩る。C：氷の数は2-3。ソーダの色
を透した美しい色を楽しみたい。

半世紀を迎えた「アコ」
その名はネコの名前から

　パーラーアコはマスターが37歳
の時、1968（昭和43）年の開業に
開業しました。今年でちょうど半世
紀になります。店名の「アコ」はそ
の当時飼っていたネコの名前からつ
けたものだそう。ネコはマスターの
お気に入りで、マッチの図柄にも使

われています。
　クリームソーダの種類はグリーン
の一色だけですが、底の部分が丸い
グラスが特徴的。アイスクリームに
添えられたマドラースプーンには、
ソーダの色と合わせたグリーンが使
われています。

ネコと音楽がマスターのお気に入り

A：カウンターは7席で、椅子の色はカウンターの縁と同じ紅色。B：向かい合うテーブル席にはお客さんの座る向きに合わせてスピーカーを設置。C：マッチに描かれているのはマスター初代の飼い猫のアコ？ D：至るところにアナログ盤のジャケットが飾られており、ジャズ好きなお客を惹きつける。

カウンターの中には滋味溢れる言葉が

カウンターの中を眺めると、マスターの言葉が飾られていました。「コーヒーを飲んでジャズを楽しむ！！ 一見無駄に見えるコーヒータイムが人の暮らしと人生を豊かにしている」。こうした言葉は何枚か貼り出されており、滋味に満ちた名言に注目してみるのもいいかもしれません。

なおマスターお気に入りの名品JBLのスピーカーは、カウンター席の後ろに設置されています。お客さまが音を正確に聴けるようにとスピーカーはマスターからみて左右逆に設置されているとのこと。「ジャズを楽しんでほしい」というマスターの愛情は、こんなところにも表れていました。

昭和のジャズ喫茶の
雰囲気がここに

E：テーブル席を包む優しいオレンジの光。照明
ほか、備品はマスターのセレクトだ。F：入口付
近に置かれた JBL オリンパスのスピーカー。G：
店内のメニュー。「スペシャル」「デラックス」な
ど昭和感溢れるが、今はもうないものも。H：大
きく取られた窓や柱の一部にはいまの建物には少
なくなった曲線が使われている。

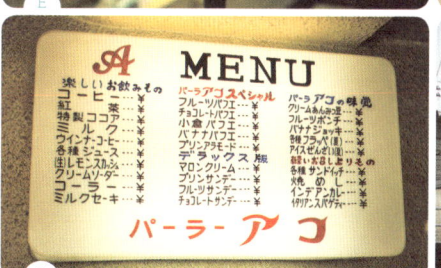

お店の外へも溢れる
スピーカーからの音色

ジャズとクリームソーダの
優雅な時間を楽しむ

　店内の壁は1991（平成3）年に塗
り替えたそうですが、そのほかの内
装は開業当時のままに残されている
ところがほとんどです。年代物のス
ピーカーから流れる迫力あるジャズ
に耳を傾けながら、昭和の時間に身
を置き、クリームソーダを楽しむ。
パーラーアコはそんな優雅な午後を
過ごすことのできる場所でした。

DATA

所在地：石川県小松市
飴屋町 23-2
営業時間：7:30-18:00
定休日：年中無休
電話 0761-23-1306

氷の詰まった
グラスを彩る
翠玉のような
ソーダの輝き

「良き昭和」の雰囲気をいまに伝える純喫茶

取材当日、にこやかに出迎えてくださったのはパスカル青山のママ・青山さんです。この純喫茶は、元々お父さまとご兄弟が製材業を営んでいたというご主人が1971（昭和46）年に開店したものでした。親戚のレストランで修行されていたというご主人。「周囲の勧めを受けて開店したのがパスカル青山なんですよ」と青山さん。

ご主人との想い出を懐かしそうに振り返る青山さんにとって、パスカル青山はかけがえのない場所なのでしょう。ご主人が手がけたという内装はまさに「良き昭和」の雰囲気をまとっており、映画のロケ地としても使われています。

シャリシャリしたアイスの食感も

A：グラスの底に氷がぎっしり詰まって、アイスクリームが溶けにくいのが嬉しい。B：氷の多さはソーダ水との境目のアイスクリームをシャーベット状にしてくれるのにも一役買っている。C：名古屋名物の「あんトースト」も。焼かれてカリカリした食感とふわっとした小倉あんが絶妙。D：「フロート」のメニュー3種。左からコーラフロート、クリームソーダ、オレンジフロート。

氷屋さんから買っていた
開店当時の想い出

ソーダ水にアイスクリームを乗せたクリームソーダのほか、コーラ、オレンジジュース、レモンスカッシュなど、パスカル青山のいろいろな飲料がアイスクリームを乗せた「フロート」として注文できます。

これらのグラスにぎっしり詰められた氷は現在、製氷機で作っていますが「開店から1-2年くらいはまだ製氷機がなくて氷屋さんに持ってきてもらっていた、と聞いています」と青山さん。

1974（昭和49）年にご主人に嫁ぎ、お店に立ってきた青山さんはその頃のことは実体験としてご存知ないそうですが「手間もかかるし、それは大変だった」とご主人から聞いたそうです。

グリーンに統一されたハイセンスな店内外

A：製材業に従事していたマスターは建築デザインにも関心があった。外観には個性的なデザインが採用されている。B：ソファーやタイル壁、テーブルゲームなど、創業から時を経てはいてもそれを感じさせない清潔感がある。C：テーブル席を仕切るパーテーションも凝ったデザイン。D：床のタイルや石垣模様のシートも基調のグリーンの系統に統一されている。

元はカウンター席だった「太陽のオブジェ」

　内装ではその多くを占めている優しいグリーンに目を奪われます。「緑色は目に優しいし、心が落ち着くからね」とママ。しかし何といっても客席でひときわ存在感を示しているのは、壁にあしらわれた巨大な太陽のオブジェです。

　このオブジェのあたりには、昭和50年代前半くらいまではカウンター席がありました。しかし席数を増やすこと、そして店内に目を引くデザインを取り入れようと、店内を改装して作られたのがこの「太陽」だったそうです。

E：メキシコの太陽をイメージして作られたという巨大なオブジェ。昭和50年代前半、長距離フェリーの旅が流行しており、「フェリーさんふらわあ（の船体に描かれたイラスト）」みたいだね、と言われることも多かったという。

ラテンアメリカの
情熱的な暖色が
清涼な店内を照らす

「曲線美」の内装は創業時のまま

F：改装時に厨房の位置なども変わった。しかし曲線を多用した内装は創業時から変わらない。G：座り心地の良いテーブル席のソファーも深いグリーン。

パスカル青山は大切な「地域のコミュニティ」

「喫茶店は、地域のコミュニティとして大事な場所だよね。最近は喫茶店が少なくなってしまって残念だけど」と話すのは、一日に何度もパスカル青山を訪れるという常連の男性。その言葉を聞いて、純喫茶の存在意義を改めて強く感じました。

DATA

所在地：愛知県名古屋市緑区浦里 3-328
営業時間：7:00-17:00
定休日：日曜日
電話 052-891-5158

パステル調の
淡いソーダ
バニラアイスは
やさしい甘さ

「モダン」を意識して
復活した喫茶スペース

JR豊橋駅から徒歩数分の場所に
ある「ボン.千賀」は1912（大正元）
年に菓子問屋として創業し、この当
時まだ珍しかった喫茶スペースも併
設。喫茶スペースはその後、取りや
めていた時期もあったそうですが、
昭和50年代に先代のご夫婦が「モ
ダンさ」を意識して店内を改装。現
在のようなかわいらしい姿になって
復活しました。

地元の人々はもちろん、最近では
可愛らしい包装紙にくるまれたパン
を求めて遠方から訪れるお客さんも
徐々に増えているということです。

A：ソーダはカクテルのような美しい色。昭和 50 年代、強い色のクリームソーダも多かった中でモダンかつしゃれたセンスの一品だった。

昭和モダンなデザートを

焼きたてのパンとご一緒に

喫茶スペースの人気メニュー 2 種

B：こちらも美しく澄んだレモンスカッシュと。調理パンと一緒に注文する人も少なくない。C：大きすぎないアイスクリームも上品さに一役買っている。

内装の一新とともに誕生したクリームソーダ

昭和50年代に誕生したという現在の喫茶スペース。この時、メニューもモダンなものに、ということで現在のラインナップに一新したそうです。クリームソーダもこの時に登場したメニューの1つ。その魅力はパステルカラーのやさしい色に、こ れもどこか懐かしくやさしい味のバニラアイスが乗ったボン.千賀ならではのおいしさです。

パンコーナーには甘い菓子パンだけでなく、お惣菜と組み合わせた調理パンも売られているので、これらをクリームソーダと合わせて食べると、お腹も心も満たされること間違いありません。

細大問わず気の利いた各所

A：雑誌に大きく紹介されたこともある
というスタイリッシュな照明も。B：喫
茶スペースの再生時から使用していると
いうチェア。C：カウンター席は1つご

とに照明カバーの色を変えるなど細かい
部分にも気が効いている。D：床のシー
トは木材の断面を集めたパターンに。至
るところに遊びがあって楽しい。

当時の雰囲気は当時のものにしか……

　この日、お店で出迎えてくれたの
は男前で恥ずかしがり屋の三代目千
賀さん、店長を務める責任感の強そ
うな森田さん、てきばきと仕事をこ
なしながらもにこやかな女性店員の
平松さんの3人でした。
　仕方ないこととはわかりつつも、

昭和の雰囲気が残る店が減ってゆく
中で、千賀さんは「当時の雰囲気は
当時のものにしか出せないと思うの
で、極力いまの雰囲気を守って行け
たらと思っています」。ボン.千賀の
空気が好きなファンには頼もしいお
言葉をいただきました。

全国からファンを集める「焼き立て」、でもレトロ

E：1912（大正元）年の創業から実に106年。いまだに地域の人々に愛されている老舗パン屋さん。F：正面入り口から左手、テーブル席のあるスペースの外壁にはアーチ状の装飾も。G：最近では焼きたてのパンを求め全国からお客が集まる。H：紙袋の色つかいやデザインも嬉しいが、何よりそれぞれ違うデザインの包装を使った調理パンに目を奪われる。袋を開けて食べるのが惜しい。

すぐそばに欲しくなる

心温まるパン屋さん

パンやデザートを目当てに
出かける旅もまた――

　現在、ボン.千賀のパンを購入できるのは豊橋にある店舗のみで、通販は行なっていないそうです。思わず「近所に暮らす人たちが羨ましい」と感じてしまいました。しかし味、包装ともに心温まるやさしいパンや心癒されるクリームソーダを目当てに、豊橋へ出かけてみるのもまた、良いかもしれませんね。

◯ DATA

所在地：愛知県豊橋市駅前大通り 1-28
営業時間：10:00-21:00
定休日：日曜日
電話 0532-53-5161

広口のグラス
2色のソーダに
大きなアイスが
ぷかりと浮かぶ

シンボルのカラスは
「ヤタガラス」

　黒いバックに飛ぶ2羽のカラス。店頭の看板に描かれたカラスは日本神話に登場するヤタガラスなのだとマスターのお嬢さん・西脇さんが教えてくれました。現在、お店に出ているのは西脇さんと、それを支える

パートさんのお二人。喫茶カラスは、2017（平成29）年にマスターが体調を崩され、一度休業しました。しかし今年（2018（平成30））に入って西脇さんがお店を継ぎ、営業が再開されました。

1人で2種類を楽しむのも

A：グラスのふちいっぱいに浮
かぶアイスクリーム。B：ソー
ダがギリギリまで注がれ、アイ
スクリームはまるで島のよう
にグラスの上まで盛られてい
る。C：グラス下部の溝により
シロップとソーダ水の量がわか
りやすく、作り手側であるカラ
スのスタッフにとっても実用性
が高い。

「乗せやすい」のもこの形の特長

　クリームソーダのグラスは逆三角
形で、底の方に溝の付いた美しい形
です。「このグラスだとアイスクリ
ームが乗せやすいんです」と西脇さ
ん。そのお言葉通り、広い口いっぱ
いに乗ったアイスクリームはボリュ
ームたっぷりで魅力的です。

　美しいグリーンとブルーのクリー
ムソーダは、注文時にどちらかを選
ぶことができますが、もし2人以上
で訪れたならそれぞれ1つずつ注文
するのがオススメです。

A：西脇さんも、いつからある
かわからないものが少なくない
という店内のコレクション。

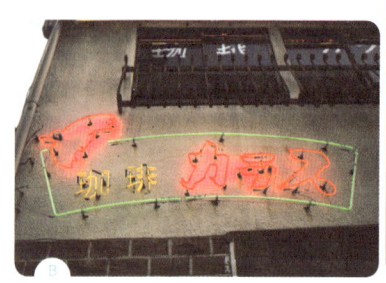

なくなりつつある
風景が見られる場所

B：陽が傾くとネオンが点
灯。LED照明が増えてゆく
中で、これも少しずつ減っ
ている姿だ。C：店内に設
置されたテーブルゲームは
「SPACE INVADERS」。絵
に描いたような昭和の空気
がカラスにはまだ残されて
いる。

骨董のコレクションが作る
「変わらない雰囲気」

店内の一角に古い雑貨や古道具類
の数々が飾られている場所がありま
す。それらをよく見てみると古時計
やラジオ、馬の蹄鉄までいろいろで
す。これらは、骨董付きのマスター
が長い時間をかけてコレクションし
たもの。少しずつ数が増えてきたそ
うですが、飾られている場所は何十
年も同じで、久しぶりにカラスを訪
れた人から「昔から雰囲気が変わら
ないね。懐かしい！」と言われるこ
ともあるそうです。

D：店に飾られたマスターのコレク
ションには時計、彫像、古道具などさ
まざまなものがあるが、いずれも店の
雰囲気とうまく調和している。

テーブルが置かれていた
2階客席はいま

E：2階を客席として使っていた頃は
テーブルと椅子を並べていたという
が、現在はじゅうたんを敷いて「高年
大学」の人たちが利用している。

むかし客席だった
2階はリピーターが利用

　以前は客席だった2階のフロアは
現在、近くにある70代の学びの場
「高年大学」に定期的に貸し出して
います。昔からカラスに通う常連客
の中に高年大学の方がいらしたこと
から、2階フロアを貸し出すことに
なったそう。地元ファンやリピータ
ーの多いカラスならではの心温まる
エピソードです。

(DATA)

所在地：愛知県名古屋市中
区栄 1-12-2
営業時間：7:45-18:00（月
〜金）／9:00-17:00（日・祝）
定休日：不定休（月に2回・
土曜日）
電話 052-231-1563

珠玉の3品は
伝統のグリーン
燃えるような赤
新たに登場の白

60年、3代目を迎えた
老舗の「コーヒー専門店」

　三角形の屋根、木材を装飾的に組んだ西洋建築風の外装、そして青に3種類の書体を組み合わせてきた「コーヒー専門店」の看板。新しいビルが立ち並ぶ名古屋市栄の大通りの一角にレトロな佇まいの純喫茶ライオンがあります。

　創業は1958（昭和33）年、現在の女性主人・北林さんで3代目になりますが、初代のママ（北林さんのお祖母さま）は2011（平成23）年、当時94歳までお店に立っていたそうです。

　店内は今年（2018）年3月に一部を改装したものの、創業当時の雰囲気を残したまま現在に至ります。

色が変われば

味もそれぞれ

魅力もそれぞれ——

1色だったクリームソーダは
3代目でリニューアル

A：ビビッドな色のソーダ水だが意外に店内の雰囲気と調和している。B：北林さんによりクリームソーダはリニューアルされたが、シロップに強炭酸水を注ぐ基本的な作り方は変わらない。C：か

つて青だったクリームソーダだが、リニューアルの際に定番のグリーンも登場。D：バニラアイスの球体をソーダに透かして見える透明のクリームソーダは視覚的にも愉しい。

ブルーだった創業当時現在は3色に

　クリームソーダは創業当時、看板と同じ「青」だったそうですが、現在はグリーンと赤、それに最近になって北林さんのアイデアで美しく透明なクリームソーダが加わり、都合3種類が日替わりで登場します。「日替わり」と言ってもスタッフに希望

を伝えれば、お好みの色を提供してくれるとのこと。

　3色のうち、北林さんのオススメは鮮やかな赤。比較的落ち着いた色調でまとめられた店内に、情熱的な色のソーダがよく映える美しい作品です。

A：先々代による骨董のコレクションが並ぶ落ち着いた色合いの店内。

ライオンならぬ
狛犬が見守る店内

B：創業時からあるという彫像は「ライオン」ではなく「狛犬」。C：2015（平成27）年4月から分煙化。レトロな色合いの灰皿はまだ現役だ。

「継続を決意」とともに
新たな魅力も誕生

現在の営業時間は8:30-18:00ですが、80年代の終わり頃までは早朝7:00から深夜23:00まで営業していました。当時はスタッフも2部制でマスターも2人。北林さんは当時まだ小学生だったそうですが、その頃のライオンの賑わいを今でもよく覚えているそうです。

お客さんも当時と比べると少なくなり、北林さんは一時お店を閉めることも考えたそうですが、2017（平成29）年に「やはり続けよう」と決意します。そして翌年、奥にあった個室を中庭に改装して以前の姿に戻し、店内の一部をブティックなどの多目的スペースとするなどし、ライオンの新たな魅力を生み出すことに成功しています。

雰囲気を残しつつ
時代に沿った工夫や変化も

D：外装は1958（昭和33）年の創業から変わらず。2階部分は創業以来、倉庫として使われている。E：スタッフの男性・松田さんからのアイデアを取り入れ、時代に合わせた工夫や変化も心がけてい

るそうだ。F：先代、先々代の残した雰囲気をできるだけ維持したいと心がけた2018（平成30）年の改装。使いやすそうなカウンター内グラス棚なども以前のままだ。

「後継者」こそが
今後の大きな課題

　親子3代で守ってきたライオン。コツコツと続けていきたいと話す北林さんにお店を継ぐ人は？　と尋ねてみると「それが今後の課題」。2代目のお母さまもライオンに40年以上も関わったそうで、北林さんにも長くお店を守り続けて欲しいと感じると同時に、後継者の誕生を切に願う思いにかられました。

雰囲気を残しつつ
時代の波にも乗って

DATA

所在地：愛知県名古屋市中区栄 4-6-4
営業時間：8:30-18:00（月～土）、8:30-12:00（日）
定休日：第2、第4水曜日
電話：052-241-8710

背の高い
グラスを満たす
エメラルド色の
美しい炭酸水

海辺の町にふさわしい
美麗な装飾の店内

漁師町として知られる三重県尾鷲市。
ここにとても個性的かつ魅力的な純
喫茶・磯があります。以前からその
存在は知っていたのですが、これま
では写真を眺めてはうっとりとため
息をつくだけで、訪れる機会はあり
ませんでした。

　店内は貝や魚をモチーフにした美
しい装飾がそこかしこに散りばめら
れています。これは現在のマスター
である岡さんのお父様が、海とそこ
に住むいろいろな生物を大好きだっ
たことから作り上げたオブジェなの
だそうです。

シックな内装に映える

ビビッドな色合い

繊細な泡を楽しむスマートな形のグラス

A：独特の色合いに輝く貝殻の装飾。思わず目を奪われてしまう。B：グラスの下部が絞ってあり、繊細な炭酸の泡が集まる様子が美しい。C：お父さまから引き継いでから、それまではなかったモーニングセットを始めるなど新しいサービスもスタートさせたマスター・岡さん。D：シロップ×ソーダ水の割合はおよそ 3:7。シロップにソーダ水をゆっくりと注いで。濃すぎず、薄すぎずの美しいメロンソーダが出来上がった。

「禁断のメニュー」だった特別な存在

お父様を継いで2代目のマスターとなった岡さん。クリームソーダについて「幼い頃はあまり飲ませてもらえず、特別な存在でしたね」と思い出を話してくれました。今ではそのクリームソーダを、手慣れた様子で手際よく仕上げていきます。「磯」のクリームソーダはカクテルグラスのような背の高いグラスを使ったシックな一品。このクリームソーダは、今でも誰かにとっての「特別な存在」なのかも知れません。

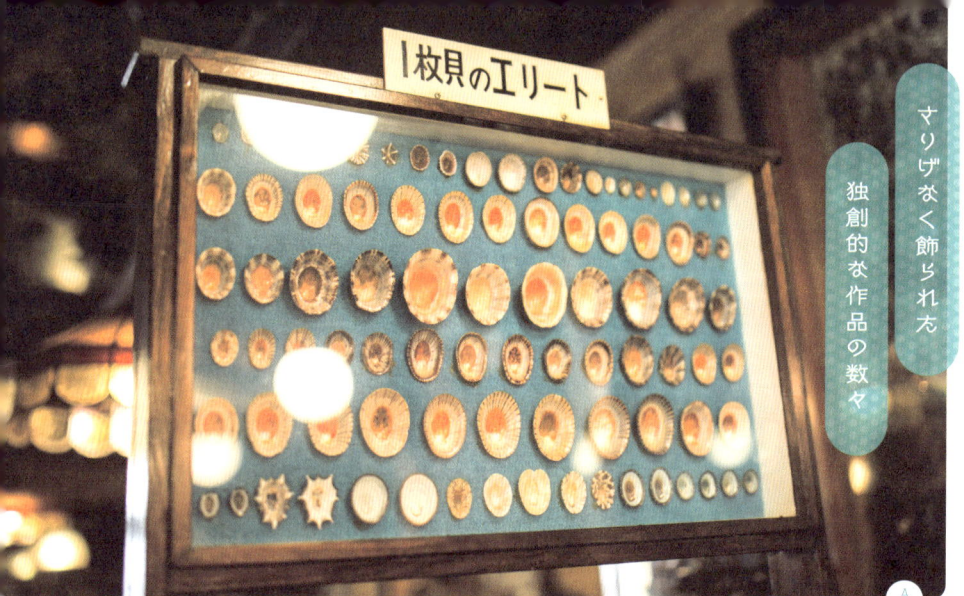

1枚貝のエリート

さりげなく飾られた

独創的な作品の数々

A

B

C

目を凝らせば数多く出会える
心躍る装飾たち

A：海や魚が大好きという岡さんのお父さま。店内にディスプレイされた貝殻なども趣味の表れだ。B：カウンター上部の装飾や「お会計」の看板など、専門の職人に頼んだと見まごうほどクオリティの高い内装が店内各所で見られる。C：お店で使われているトレーにもちょっとした遊び心を見つけた。

新たな作品も登場2代に渡る芸術センス

テーブル席を仕切るパーテーションには貝殻の装飾があしらわれています。ここに使われているたくさんの貝は全て先代のマスターである岡さんのお父さまが集めてきたものだそうです。それらは彩色せず、自然のままの色合いを生かして使われています。

高い芸術センスを持ったお父様の血は、岡さんにも引き継がれているようで、イラストの個展を開くなど芸術家としても活動されています。作品はメニューやモーニングセットのチラシで見ることができます。

D：こちらは現マスターの岡さんの作品。イラストレーターならではのハイセンスなイラストを使ったモーニングセットの案内。

高い仕切りに囲われた

心地よい隠れ家

F：人目を気にせず自分の時間が楽しめる奥まったテーブル席。リラックスしすぎて思わず眠ってしまう人もいるという。

一つとして同じ装飾はない

E：貝はすべて先代が拾い集めてきたもので、どの座席の装飾もすべて少しずつ違う。しかしよく見るとパターンなどとても考えて使われているのがわかる。

DATA

所在地：三重県尾鷲市野地町 12-5
営業時間：7:00-20:00
定休日：年中無休
電話 0597-22-0638

燃えるような
朱色はザクロ
涼やかな緑は
甘いメロン

創業 7 年目で煉瓦の壁に改装

近江八幡出身のマスター・片岡さんが京都で2年修行、地元に戻って珈琲ライフを始めたのは1978（昭和53）年11月のことでした。

内装は当初、白一色の壁でした。近くにあった設計事務所に依頼したのですが「思っていたスタイルと違った」。それでもしばらくはそのま

ま営業していたそうですが、創業から7-8年目に思い切って内装をつくり変えることにしました。デザインは京都・大阪の喫茶店を見てまわり、京都にあった設計事務所に頼みました。この時「レンガを使いたい」とだけ伝えたそうですが、現在の垢ぬけた内装が出来上がりました。

A：ソーダ水にアイスクリーム、それにサクランボを乗せたクラシックなスタイルのクリームソーダ。

スタンダードなデザイン

でもソーダ水は

目を引くビビッドカラー

黄昏を思わせる
透明感ある美しさ

B：光にかざすとソーダはまるで夕焼けのような色になる。C：アイスクリームが徐々に溶け、サクランボが泡に沈んでゆく様子が楽しい。

創業20年目に加わった「グレナデン」

ライフのクリームソーダは2種類で、定番のメロンともう1つ。赤みの強い朱色の美しいソーダ水が目をひきます。その正体はザクロ味。カクテルにも使われることがある赤いグレナデンシロップを使ったしゃれた一品です。当初はグリーンのシロップを使ったメロンだけでしたが、

創業から20年ほど経った頃、新しい味も取り入れてみよう、と誕生したのがこの美しいクリームソーダでした。

全国を見てもあまり類を見ない美しい朱色のクリームソーダはやはり人気で、グリーンに負けず劣らずの注文があるそうです。

A：天井の窪みの形と合わせたテーブル席。柱で繋がったデザインは今でも斬新に見える。

目を凝らしたい内装の見どころ

B：入り口正面に設置されたはめごろしの窓。洋風の洒落たデザインが採用されている。C：天井にあしらわれた楕円形の装飾。縁は木で補強するなど、手をかけて作られている。

想定外のテーブル席は 今では「大正解」

　店内の内装で目を引くのは中央の大きなテーブル席。これは創業7、8年目の改装の際に頼んだという、京都の設計者のアイデアだそうです。「ボックス席を多く」を想定していたマスターはそのアイデアを聞いた当初「大丈夫かな」と思ったそうですが、いまになってみると「大正解だった」。その理由は1人のお客が来店された場合、テーブル席に座るのには躊躇しても、この大きなテーブルなら座りやすいからだそうです。

豊富なメニューもライフの魅力

D：喫茶店定番のスパゲティやピラフの
ほか、12種類の定食を揃えている。こ
のメニューの豊富さも魅力の1つだ。E：
入り口上部のレンガはアーチ状にアール
をつけている。細かい部分にも遊びを感
じさせる凝った内外装。F：創業から長
く使われているものの1つがかわいら
しいデザイン、サイズの椅子。マスター
いわく「当時はこんな形が流行してたん
だけど」。

明るすぎない窓辺で
癒しの休憩時間を

1人のお客へも
行き届いた配慮

　一人で来られるお客さんも多いと
いうライフにおいて、マスターは控
えめな接客を心がけているそうです。
そしてコーヒーは1杯380円。この
安さはお客さんに毎日来て欲しいか
らだとのこと。1人でも何度でも通
いたくなるのはこうした、マスター
のきめ細かい心配りによるものかも
知れませんね。

(DATA)

所在地：滋賀県近江八幡市
鷹飼町 1496-1
営業時間：9:00-20:30
定休日：金曜日
電話 0748-33-2226

アイスが溶けて
変わりゆく
赤・白・緑の
イタリアンカラー

開店のきっかけは「戦友と再会したい」

「姫路の戦後最初にできた喫茶店」とウェブサイトで謳われている茶房大陸は、2018（平成30）年で創業から実に71年目。マスター・岡本さんのご両親が戦後「自分たちで商売を始めたら戦友が見つけて再会できるかもしれない」と考え、1947（昭和22）年に開店しました。

姫路はかつて愛知県の名古屋に次いで喫茶店が多いと言われていたそうですが岡本さんによれば「昔と比べると随分減った」。姫路はお殿様の入れ替わりが多かったことで、文化の入れ替わりも早いことが、その原因ではないかと岡本さんは推測します。

A：ソーダに沈み鮮やかな色合いを見せるさくらんぼ。白、濃淡2色の緑、そして鮮やかな赤が珠玉の一品を構成する。

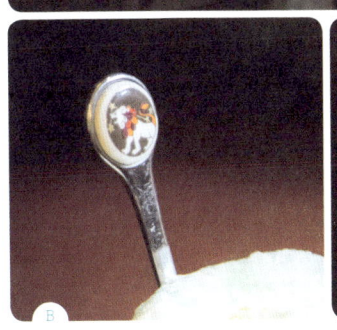

思わず童心に帰る
懐かしいディティール

B：グラスに添えられたスプーンは子ども心をくすぐるイラストが。C：アイスクリームの周りを囲む大粒の泡がフツフツとはじけてゆく。

ささやかな贅沢を味わえる
「クラシックスタイル」

茶房大陸は1972（昭和47）年、大手前通りから現在の場所へ移転してきました。大手スーパーが姫路へ進出してきたことなどがその理由です。移転前の店は2フロア、70坪もの広さがあり、暖炉や噴水などもあったそうです。クリームソーダはその移転前から変わらないレシピ、グラスだとのこと。濃いグリーンのシロップに、真っ赤なさくらんぼを沈めた今は少なくなったクラシックなスタイル。「昭和の純喫茶」で味わう「昭和のクリームソーダ」。大陸のクリームソーダはそんなささやかな贅沢を味わうことができる一品です。

A：背のデザインにより5種類あるチェアは、奥（カウンター側）から手前（入口側）に向けて年代が新しくなってゆく。

先代から
受け継がれた
メニューと内装と

B：壁に飾られた彫刻などは先代が集めたもので、店舗移転前の昭和30年代にはすでにあったものだという。C：大陸オリジナルのアーモンドバターを使ったアーモンドトースト。

自宅でも楽しめる
オリジナルメニューも

　「文化の入れ替わりが早い」姫路、そして大陸では新たなメニューも数多く誕生しています。代表的なものの1つが「アーモンドトースト」。
　トーストに塗りやすいようにバターと植物性マーガリンを独自に配合、アーモンドプードル（アーモンドパウダー）と混ぜた特製アーモンドバ

ターをトーストに塗って召し上がる甘くて濃厚な一品です。洋菓子のような風味が香ばしく、何度でも食べたくなるおいしさです。ちなみにこのトーストに使われているアーモンドバターはウェブサイトから通信販売も可能ですので、自宅でもこのおいしさを楽しむことができます。

茶房 大陸

今日はどの年代の
チェアに座りましょう？

微細な彫刻が美しい
「チェアギャラリー」

D：年代の新しいチェアは装飾性が高い。腰の部分に着けられたそろばんの玉のようなデザインがユニーク。E：最も年代の古いチェア。背の部分はぜいたくに彫刻が施されている。F：こちらは背に「TAIRIKU」と彫刻。背もたれの高さもそれぞれのチェアで異なる。

老舗でありながら
新旧織り交ぜた魅力

　店内は老舗の純喫茶らしい落ち着いた雰囲気を残しつつ、新しいメニューも取り入れる、そんなメリハリが大陸の魅力かも知れません。ちなみに店内の注目の1つは各席のチェア。背もたれのデザインは導入した年代ごとに違っているので、その日の気分でどの席に座るかを選んでみるのも良いかも知れません。

(DATA)

所在地：兵庫県姫路市綿町89
営業時間：7:30-17:00
定休日：年中無休
電話 079-222-0071

赤いチェリーは
無くなっても
引き継がれる
懐かしい味

思わず心躍る
「憧れの地」淡路

　本州と四国の間に浮かぶ淡路島。高速バスで明石海峡を渡ると思わず心が踊り出し、隅々まで散策してみたいという気持ちにかられる憧れの地の1つです。この淡路島にある喫茶ユースは1959（昭和34）年、現在お店を守る中北さん3姉妹のご両親によって創業しました。

　場所は「淡路島弁才天」の名で知られる厳島神社のすぐそば。秋には島内外から10万人以上もの参拝客がやってくる例祭があり、この期間中にはユースもちょっとした繁忙期を迎えます。

父、母から教わった
濃い色のクリームソーダ

A：先代のご両親から受け継いだという
レシピとグラス。B：まるで抹茶を思わ
せるような濃い色のソーダがユースの

クリームソーダの特徴。C：広口のグラ
スに乗るアイスクリームはなかなかボ
リュームがある。

シンプルなスタイルは
ずっと誰かの
「想い出の味」

近くの商店街にあった
記憶の彼方の喫茶

　クリームソーダには以前、赤いチ
ェリーが乗っていました。色合いは
素敵だったのだそうですが、あまり
食べてくれないということから、数
年前に現在のシンプルな姿になりま
した。

　お店を守る三姉妹の長女、よし子
さんが幼い頃のクリームソーダの想
い出を教えてくれました。ユース

のある洲本市の本町商店街にかつ
て「ことぶき」という純喫茶があり、
お祖父さまがよく連れて行ってくれ
たそうです。ことぶきは残念ながら
閉店してしまいましたが、クリーム
ソーダはよし子さんの想い出の味に
なっています。ひょっとしたらユー
スのクリームソーダも、誰かの「想
い出の味」なのかもしれませんね。

A：創業以来、同じ場所で約60年。七色の滴がかわいらしい看板は近くの看板屋に頼んだもの。その看板屋も今はもうなくなってしまったそうだ。

おいしい、それど安い クリームソーダは４００円

B：5年前まではさらに安く350円だったそうだ。その他のメニューもおおむね都市部よりかなり安い。

コーヒー１杯が３０円だっだ時代

来年創業60年を迎える喫茶ユース。現在のスタッフは長女よし子さん（68歳）、次女久子さん（65歳）、三女百合子さん（63歳）の三姉妹に彼女たちのお父様の4人です。創業時、長女のよし子さんはまだ10歳、小学校5年生でした。

当時はご両親のほかにウエイトレス1人、ウエイター2人がユースに勤めていたそうです。「それくらい繁盛していたんですよ」とよし子さん。ちなみに当時コーヒーは1杯30円だったそうです（現在は350円）。

しかし今ではお客さんもずいぶん減ってしまったとのこと。「だから遠くから来てくれる人がいるととても嬉しく思います」と笑顔で話してくれました。

10年前と比べると

常連さんは半分くらいに—

C：3姉妹で選んで決めたという壁の
風景写真は創業から4代目に。

C

D

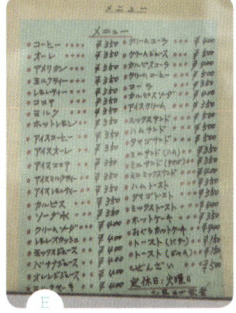

E

改装後の現在も
店内外に残る「昭和」

D：15年ほど前に壁を塗り変えるなどの改装をしたというが、今も昭和の雰囲気が残る店内。E：味わい深い手書きメニューは次女の久子さんによるものだ。

4代目になった
海外の風景写真

　壁に張られた外国の風景写真は4代目。現在のものは15年ほど前に張り替えたものだそうです。「表具屋さんに頼んで色々な種類の中から選びました」とよし子さん。写真自体は創業時からあるものだそうで、海外旅行がまだ一部の人のものだった頃、空想の世界へ連れ出してくれる素敵なアイテムだったことでしょう。

DATA

所在地：兵庫県洲本市本町4-3-12
営業時間：7:20-17:00（月、水〜日）7:20-12:00（火曜日）
定休日：年中無休
電話 0799-24-1835

目で見て培った
自己流の作品は
「シンプルイズ
ベスト」

老舗喫茶、老舗食堂を
兄弟で守り続けて

　JR箕島駅から南へ。国道480号へと至るささやかな駅前商店街の中に「純喫茶まるき」があります。純喫茶まるきの創業は1953（昭和28）年ですが、それよりさらに前、1925（大正14）年には道を挟んだ反対側にある「まるき食堂」が創業

しています。

　こちらは純喫茶まるきのマスターである栗山正基さんの曾祖父さんが始めたという長い歴史をもつ食堂で、正基さんのお兄さんの繁基さんがお店を引き継ぎ、現在も営業を続けています。

母の代からずっと同じ作り方

A：「母の代からずっと同じです」というダートコーヒーのシロップ。B：グラスに注ぐ順は「シロップ→ソーダ水」。C：バニラアイスを乗せる。この頃にはソーダ水は明るいグリーンに。D：最後にスプーンを一かきして完成。確かにシンプル、しかし美しい作品だ。

見よう見まねで始めた
クリームソーダも
気がつけば自分の作品に

誰に教わらなくても
継ぐことができた

　純喫茶まるきは正基さんたちのお母さまによってスタートしました。そして、実はこの年は正基さんが生まれた年でもあります。小さい頃からお母さまが働く様子を見てきた正基さんは、特に誰からも教わることなく喫茶店を継ぐことができたといいます。

　クリームソーダももちろん、自己流。「ダートコーヒー」のシロップを使った「シンプルイズベスト」のクリームソーダは、お母さまから受け継いだ「まるき式」そのままの作品です。

A：内外観はマスター・栗山さんのお父様が地元の設計士に頼んでできたものだという。えんじ色の屋根、角にアールのついた広い窓など、女性的なデザインがお洒落だ。

「まるき」は食堂の創業者から

B：「まるき」の名はまるき食堂の創業者である曽祖父さん「喜一」さんに由来。名前に「○」をつけるというセンスが流行した時代の名残だそうだ。

マスターご夫婦に共通の「植物」の趣味

店内の各所には正基さんがセレクトした植物が飾られています。25年ほど前からだという正基さんの「洋ラン趣味」。その洋ランを常時3-4種類は置いているそうですが、それ以外の植物もたくさんあり、心和ませてくれます。さらに植物への趣味は奥さまもお持ち。それは押し花です。2001（平成13）年までは客室だったという2階のフロアは現在、奥さまの押し花教室に使われています。

なお世界ラン展に出展し、最優秀賞を獲得したこともあるという押し花の作品は店内に飾られているので眺めることができます。

噴水もあった室内池や植物が心を和ませる

C：直線と曲線が絶妙に入り混じった階段周辺。D：大きく取られた窓によりたくさんの外光が店内に差し込み、暖かく心地よい店内。E：長年使い込んだトレー。経年感はあるがどこかほのぼのする温かみも。F：中央に噴水が設置されていたという室内池。今もコイが悠然と泳ぐ。

４人のウエイトレスが忙しくしていた時代

　ハイライトの1つは色とりどりの鯉が泳ぐ室内池。以前は噴水もあったというこちらは創業時からあるもの。また、バブル期には4人のウエイトレスさんを雇用していたそうです。洒落たらせん階段や洋風のステップなど、ぜいたくな内装を眺めていると、かつての栄華が目の裏に浮かんでくるようでした。

豪華な内装にバブル時代の栄華を振り返って——

(DATA)

所在地：和歌山県有田市箕島 897-1
営業時間：7:00-18:00
定休日：土曜日
電話 0737-82-2272

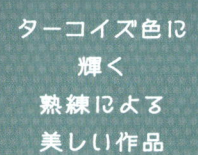

ターコイズ色に
輝く
熟練による
美しい作品

元気の秘訣は
「遊んでたらアカン」

　ゆうなぎのマスターは鳥取県のご
出身。約50年前に大阪へ出て、約
10年会社勤めをしてゆうなぎを始
めました。7年前に亡くなった奥さ
まはスナックを経営、夫婦それぞれ
で別のお店を切り盛りしていたそう
ですが、仲が良かったことはマスタ
ーの言葉の端々から伝わってきます。
10年くらい前からはお客も少なく
なりましたが家賃収入もあり、お店
を辞めても暮らしていくことはでき
るそうです。でも「遊んでたらアカ
ン」。御年70にして今なお元気の秘
訣は奥さんとの思い出が詰まったゆ
うなぎを続けていることにあるよう
です。

A

B

豪奢な調度品たち

昭和の思い出が詰まった

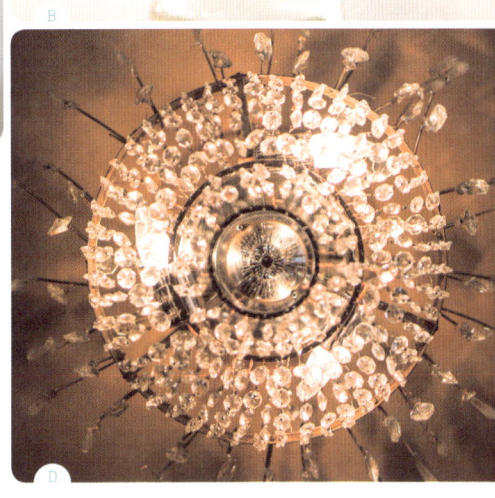

C

D

のどかな電車の音が作るゆったりとした癒しの時間

「阪堺電車」の名で知られる阪堺電気軌道・松虫停留場のそばに「ゆうなぎ」はあります。テーブル席でコーヒーを飲んでいると、ゆったりした間隔で電車が過ぎてゆく、どこか懐かしい音が聞こえてきます。

　クリームソーダは、美しいターコイズ色。1975（昭和50）年の開店から、長らくお店を守ってきたマスター・岩城さんによる美しい作品です。

値段は安くても「安くない」クリームソーダ

A：ゆうなぎのクリームソーダは 400 円。「性格がガツガツしてないから」と岩城さん。しかし安いからと言って「安いもの」は出したくない、と話す。B：青みがかった美しい色がゆうなぎのクリームソーダの特徴。C：調度品・内装は大阪・日本橋の問屋街を巡り、奥さんと相談して選んだという。床のタイルと壁の一部を除けば開店時のままだ。D：シャンデリア風の照明は開店当時 15 万円もした高級品。

(DATA)

所在地：大阪府大阪市阿倍野区松虫通 1-1-2
営業時間：7:00-18:00
定休日：火曜日
電話 06-6653-9537

洗練された
内装デザインと
正統派の
クリームソーダと

昭和初期開設
市場のそばの純喫茶

1927（昭和2）年、日本初の中央卸売市場として開設した「京都市中央市場」。ここからほど近い場所にある喫茶ブルボンのお客さんの多くは、やはり市場で働く人たちですが、それだけではなく市場場外にある飲食店を目当てにくる観光客や、最近では2016（平成28）年に開館した鉄道博物館に遊びに来る人たちも増えています。

ブルボンの創業は1967（昭和42）年。現在店主となっている玉山さんの義理のお父さまが最初のマスター。日中の時間帯には玉山さんの旦那さんがお店に立つこともあるそうです。

アットホームな喫茶に

マッチした心を癒す一杯

透き通ったソーダ水にしみてゆくグリーン

Ａ：グラスの形もアイスクリームの盛り付けも「これがクリームソーダ」という正統派。Ｂ：アイスクリームはグラスの直径の 2/3 ほどの大きさ。グラスのすき間からスプーンで、ソーダとこれに溶け込むバニラアイスを堪能したい。Ｃ：グラスに注ぐ順はシロップ→ソーダ水という店が多い中、ブルボンでは炭酸水にシロップを注ぐ。透き通ったソーダ水にグリーンがしみてゆく様子が美しい。

「昔ながら」の期待通りの一杯

　淡い色合いに統一されたカウンター席も良いですが、晴れた日には大きく取られた窓から外光がさす窓際の席に座ってクリームソーダを。玉山さんは「昔ながらの普通のものだよ」と話しますが、正統派のルックスながら、凝ったデザインの内装と良く似合います。かつては赤いイチゴのソーダもあったそうですが、意外にも注文する人が少なかったそうで残念ながら現在はブルボンのメニューからは姿を消しています。

チェアの意匠にも
ご注目あれ

「細部へのこだわり」がファンを集める理由

内装は1967（昭和42）年の創業当時のまま。階段を上がった扉の向こうに「こんなに広い空間があるなんて」と驚く人もいる開放的な店内です。見上げればアーチ型の装飾が美しいカウンター席、そしてそこから吊るされた可愛らしい色のランプもセンスを感じさせます。

「ビルなんて綺麗なほうがいいけどねえ。誰か継ぎたい人がいたら貸すんだけど、いつまで営業出来るかしら」と玉山さん。

ただ飲食をするだけなら必要ないはずの「細部のこだわり」が至るところに感じられ、思わず「ブルボンへやって来る純喫茶を愛する人たちはこれを求めてやって来るんだ」と思わせてくれます。

曲線を多用した

心安らぐカウンター席

C：カウンターの奥から客席を包み込むように作られた特徴的な壁と天井の装飾。時を経て渋い色味に変化しているのもまた良い。

デザイン性の高い装飾や照明

D：カウンター席の後ろに配されたゲート状の装飾もユニーク。E：座席からは分かりにくいが、照明の傘は可愛らしいレモンイエローだった。

短いお昼休みに「待たせるのがいや！」

　市場で働く人たちにとっては食堂としても重宝されており、たくさんのメニューが揃っています。短いお昼休みにやって来る人たちを「待たせるのがいや！」という玉山さんは手際が良く、いくつもの料理をまるで魔法使いのように同時に作ってしまう姿が印象的でした。

(DATA)

所在地：京都府京都市下京区朱雀北ノ口町 42
営業時間：8:00-18:00
定休日：日・祝日
電話 075-314-2345

開店時からの
グリーンと
新しい人気者
淡いピンク

1970年代のはじめ
銀行員だった先代が開店

　京都駅から東海道本線、市営地下鉄東西線を乗り継いでおよそ30分。京都市内の便利な立地にありながら穏やかな風景の中に佇むのが「喫茶マリ亞ンヌ」です。

　マリ亞ンヌはもともと京都銀行に勤めていたという先代のマスター・奥田定之さんにより、1973（昭和48）年に開店しました。この当時、収入の安定したサラリーマンを辞め、喫茶店を始めるというのはかなり勇気のいることだったと思います。しかし、2代目である現マスターの真哉さんは「飲食店の経営は長年の父、母の夢だったようです」と教えてくれました。

静かな色のシロップ

強すぎない個性

A：トレー、紙ナプキン、そして2色のソーダがうまく調和して、ひな祭りの和菓子のような雰囲気に。

光を反射して
パステルカラーに

B：ソーダの上のアイスクリームは控えめなサイズ。しかし、それがかえって上品さを演出している。C：濃すぎないピンクのシロップが、光を反射してカクテルのような色に輝く。

女性向けに登場した
ピンクのクリームソーダ

クリームソーダは2種類。一般的なエメラルドグリーンのメロン、それに淡いピンクのピーチです。開店当時からあったのはメロンで今も男性、女性を問わず人気の一品です。一方のピーチはつい1年ほど前から登場しました。「女性をイメージし

て淡いピンク色にしてみたんですけどね。意外と男性の注文もあります」と真哉さん。

このほかメロン、ピーチのソーダ水の上にパフェの素材を乗せたソーダパフェも、真哉さんが最近考案した新メニューです。

A：大きくとった丸い窓が3つ並ぶ特徴的な外観。デザインは1973（昭和48）年の開店当時から変わらない。

内装も昭和と変わらぬまま

B：板張りの壁など、木の優しい色が包む店内も改装されることなく開店から　45年目を迎えた。C：照明など美しい調度品もマリ亞ンヌの見どころのひとつ。

先代お気に入りの女優さんが店名に

「マリ亞ンヌ」という店名の由来は、先代のマスターが女優・真里アンヌさんのファンだからということです。お店は現在、奥様の久美子さんと息子さんの真哉さんが中心となって営業しています。かつては多くの従業員がいて、営業時間も深夜10時まででした。現在のマスター・真哉さんがまだ小学生の頃のお話です。「アルバイトのお兄さんたちに宿題を手伝ってもらったりしたのを覚えています」と真哉さん。現在、マリ亞ンヌを支えている従業員さんは数人だけとなってしまっていますが、長らく通いつめる常連さんも多いそうです。

D：窓辺にはすみれ色のカーテンが使われており、甘い色の光を店内に透している。E：丸い大きな窓のテーブル席。F：左から現在のマスター・真哉さん、お母様、そして先代の定之さん。お店が開店したのは真哉さんがわずか2歳の時だ。

甘い色の光が
3つの丸窓から

近隣の人たちの「心のオアシス」

　午前11時を過ぎた頃から、ランチを求めてやってくる人たちで店内はあっという間に一杯になりました。ふとテーブルを見ると、伝票には「心のオアシス」という文字。その言葉通り、時を経てもなおマリ亞ンヌは近隣の人々の心を癒やす安らぎの場所なのでしょう。

（ DATA ）

所在地：京都府京都市山科区椥辻池尻町32-4
営業時間：8:00-18:30（月～金）8:00-13:30（土・祝日）
定休日：不定期（日・祝日（祝日は営業の日もあり））
電話 075-592-0854

廉価でも
きめ細かな
炭酸の
満足感ある
一杯

先代の頃の思い出「喫茶店の前は写真店だった」

濃淡2色のグリーンの縞模様、それに黒い文字で「ドレミ」。垢抜けたセンスと同時に、どこかに大阪らしいユニークさも含んだデザインの雨よけは「20年ほど前の改装でできたと記憶しています」とマスターの山本さん。ドレミは通天閣の麓で、1967（昭和42）年の開業から移転することなく営業を続けて来ました。

山本さんによると、お父さまの時代、喫茶店として営業する前にはドレミは写真店として営業していました。「学生の頃から父は写真が好きでした」（山本さん）。しかし、別のところで喫茶店をしていた山本さんのお祖父さまにレクチャーを受け、写真店から喫茶店へと生まれ変わったのだそうです。

強めの炭酸の表面で

アイスクリームが

ゆっくり溶けてゆく——

A

A：開業時から強めの炭酸水を使用。大粒の泡がグラスに張り付く様子は目にも涼やかだ。

B

C

グラスの下のカットで美しくグリーンが反射

B：よく見るとグラスの下部にはタテに細かく刻み模様が入っている。見る角度によって、グリーンがさまざまに反射する様子に心が浮き立つ。C：氷は少なめで、グラスの下へ行くほど濃いグリーンに。バニラアイスが溶けた表面近くの明るい色とのコントラストが美しい。

東京と比べると全体的に廉価なメニュー

ドレミのクリームソーダは550円。東京都心にある喫茶店と比べると、値段が安いように思います。聞くと10年以上同じ値段なのだそうですが、これについてマスターは「この辺りではそんなに値段を上げられないんだよね」と話します。確かにコーヒー1杯380円など、他のメニューもだいたい東京と比べると安いようです。しかし、安いからといって量が少なかったり、アイスクリームが小さかったりするわけではありません。グラスにたっぷり注がれたメロンソーダに大きなバニラアイスが乗った満足感あるクリームソーダが運ばれて来ました。

A：窓辺のテーブル席は5つ。通天閣が賑わう休日には店内はお客でいっぱいになることも。

目を凝らせば魅力はそこかしこに

B：開業時から使われて来たというテーブル席の仕切り。無機質だが端にアールをつけるなど、現在にはないデザインが取り込まれている。C：いまもドレミで配布されているマッチ。アナログ盤を思わせるロゴマークや猫のキャラクターの作者については「わからないなあ」と山本さん。

長年親しまれて来た内装やキャラクター

店内には開店の時から、あるいは何十年にも渡って使われ続けている備品、調度品が残されています。その一つはテーブル席を仕切っている鉄製のパイプ。「何回か塗り直しているけどね」とマスターの山本さん。そのほか、マッチやメニューに描かれたネコのイラストも、昔からドレミで使われて来たキャラクターです。先代がイラストレーターに頼んで描いてもらったものだそうです。今では詳しいことはわからないそうですが、「ドレミ」の店名のように鼻歌を歌いながらコーヒーを運ぶ様子はどこかユニークかつレトロな雰囲気をもっています。

ちょっとレトロ

でも垢ぬけた

窓と雨よけ

D：グリーンの雨よけテントは20年ほど前から使われているものだという。

変わらないスタッフ
変わらない値段

E：10年以上変わらないというクリームソーダは550円。
F：喫茶ドレミの山本マスター（奥）。喫茶としてのドレミが開店した当時、山本さんはまだ幼少。当時の記憶はほとんど無いそうだ。

「ドレミ」という
店名の由来は

ドレミという店名の由来について聞いてみると山本さんは「ド、レ、ミとだんだん音階が上がって行くのは縁起がいいらしい、と聞いたことがあります」と教えてくれました。山本さんにお店を継いでもらったのち、ドレミの商売が繁盛するように。そんなお父様の思いが込められていたのかもしれません。

DATA

所在地：大阪府大阪市浪速区恵美須東 1-18-8
営業時間：8:00-22:30
定休日：火曜日
電話 06-6643-6076

A

Fuji

87年続く老舗喫茶の休業前の
様子を伝える

洋菓子喫茶 富士

静岡県静岡市

A：1971（昭和46）年に建てられたという3階建てのビル。2-3階は住居として利用されている。B：現在のビルができる前は「みよし」という屋号だった。富士という屋号の由来について実石さんに聞いてみると「昭和40年代当時、モダンな名前だと思ったんだよね。このビルの上から富士山が見えたのも富士とつけた理由」。

Ⓑ

体力低下で休業も秋の再開を信じて

　静岡県東部・清水。JRの駅から南へ清水駅前銀座商店街が伸びています。どこか懐かしい雰囲気を今に伝えるこの商店街も、シャッターを下ろしたお店が増えています。

　その一角に1931（昭和6）年から続く「洋菓子喫茶 富士」があります。ご主人・実石さんは86歳。お父さまからお店を継ぐ2代目ですが、体力の低下により2018（平成30）年6月からしばらく喫茶室を休業することになりました（ケーキ販売は継続）。同年秋（詳細は未定）には飲料だけでも再開したい、という実石さんのお言葉を信じ、涼しくなる季節まで待つことにしましょう。

自家製アイスは形こそ無骨だが、味の方は濃厚なミルクが効いてまさしく「ここでしか味わえない」純朴な美味しさ。

「夏の暑さが堪えるようになって——」

シロップに炭酸水を注いでゆく作り方も昔から変わらない。「最近、夏の暑さが堪えるようになって」と話す実石さんだが、ケーキの店頭販売は継続、そして夏の間かき氷を店頭で販売する計画もあるそうだ。

昭和30年代に生まれたバニラアイスとソーダ水

　昭和20年代、実石さんのお父さまは戦災の被害から立ち直り喫茶店を始めました。当時の店名は「みよし」。お父さまが修行された「みのや」というお店よりも「良くなるように」ということで「み（のやよりも）よし」と付けたそうです。終戦の混乱から暮らしが落ち着き、昭和30年代に入ると物資もようやく安定、炭酸水やアイスクリームも流通するようになりました。

　この頃、メニューにクリームソーダが登場。アイスクリームは当時から現在に至るまで自家製です。蒼々としたソーダ水に砂糖、ミルク、生クリームで作ったバニラアイスを乗せた姿は、昔から変わりません。少なくとも秋まではこの味わいが楽しめないと思うと、何とも言えず、寂しくなるのでした。

内外装、グラスに見る「モダンさ」

A：サイドのカットなど味の
あるデザインのグラスは、東
京・合羽橋の問屋まで買い付
けに行ったものだという。B：
1971（昭和46）年から変わら
ない内装。当時はずいぶんモ
ダンなデザインだったに違い
ない。C：「赤富士」をデフォ
ルメした正面の看板もビル建
設当時のまま。

お客の数は減っても
必要とする人はきっと——

「自動販売機やコンビニが
できて喫茶店に来る人も
減ってしまった」と実石

さん。それでも富士で過
ごす時間を必要とする人
は確実にいることだろう。

洋菓子喫茶 富士の歴史

1931（昭和6）年	「喫茶みよし」として創業。
1931（昭和20）年	終戦とともにサッカリンなどを利用した甘味などの店を再開。
1950（昭和25）〜1955（昭和30）年	おしるこやぜんざいなどの甘味がスタート。
1955（昭和30）年	炭酸水などの流通が開始。クリームソーダがメニューに登場。
1971（昭和46）年	屋号を「富士」に改称。現在のビルが完成。
2018（平成30）年	ご主人の体力低下により一時休業。

所在地：静岡県静岡市清水区銀座 11-24 　営業時間：8:30 〜 18:00 　定休日：水曜日 　電話：054-366-4392

駄菓子屋さんの
ソーダ水

フルーツの香りの粉末に水を注ぐだけで
泡の弾けるメロンソーダに……。
そんな懐かしい駄菓子屋さんの想い出はありませんか。
粉末ソーダ、粉末ジュースの
老舗メーカー・松山製菓を取材しました。

A

A：シャンペンサイダーは粉末ではなく固形の錠剤を水に溶かすとサイダーができる。B：1982（昭和57）年から販売されている「フレッシュソーダ」。ミシン目で切り取ることができる「5連4方シール包装」は密閉性が高く、薬剤の包装などにも使われることがある。C：1976（昭和51）年登場のパックジュース5種。メロンやパイナップルといった果物がまだメジャーではなかった時代、粉末ジュースは多くの子どもたちの心を癒した。

B

C

1960年代を席巻した粉末ジュースのブーム

「水を注ぐだけで喫茶店のソーダやジュースができる」。そんな子どもたちの夢を叶える粉末ジュースが世の中に登場したのは1950年代後半のことでした。この時代に粉末ジュースが流行した大きな要因に「人工甘味料」の流通があります。まだ砂糖が高かったこの頃、廉価な人工甘味料を使った粉末ジュースは安く製造できたのです。

一世を風靡した粉末ジュースでしたが、1970年代に入ると人工甘味料の健康への影響などが取りざたされ、少しずつメーカーが減っていきます。そんな中、第2次粉末ジュースブームがやってきたのは1970年代半ばのこと。アメリカで粉末ジュースのブームが起こり、これが日本にも伝わって、多くのメーカーが粉末ジュースを再販売しました。しかし、このブームも長続きはしませんでした。原材料の値上げなどが影響し、年を追って粉末ジュースを作るメーカーは減少しています。

そうした中で、現在でも粉末ジュースを製造している貴重な会社が愛知県名古屋市の松山製菓です。粉末ソーダ、粉末ジュースの値段は今でも1つ20円。同社のウェブサイトからも購入できます。

木製の
コースターに
アットホームな
トールグラス

保存地区にも選定「白壁の町」の喫茶

茜のある山口県・柳井市は「白壁の町」として知られています。約200mにも渡って白壁と格子窓の家並みが続く様子はとても美しく、文化庁により「重要伝統的建造物群保存地区」に選定されています。

元はケーキ屋だったという階下の扉から、階段を上った2階に「珈琲の館 茜」があります。同じ山口県内にある徳山の純喫茶で修行し、およそ30年前に茜を始めたというマスターの秋田さん。若い頃には陸上に励み、スポーツ用品店に20年以上勤めた経験もあります。

見た目にも楽しい
弱炭酸×アイスクリーム

A：茜のクリームソーダのメニュー上の名前は「ソーダフロート」。文字通り、ソーダ水の上に球体のバニラアイスが浮かぶ。B：炭酸はやや弱め。テーブルに運ばれた直後から、ソーダに浮かぶアイスクリームが視覚でも味わえる。C：真横から見るとアイスクリームの丸さが確認できる。その下には四角い氷が１つ。まるでソーダ水の中に浮かぶ気球のようなフォルムが楽しい。

トールグラスを満たした

ソーダ水に浮かぶ

氷とアイスの甘い気球

常連客の進言で形を変えたグラス

　開店した当初、クリームソーダは円錐形を逆にしたデザインの広口グラスを使っていたそうです。しかし常連客から「なんだか量が少なく感じる」と教えられ、現在の円筒形のトールグラスになりました。

　木でできたコースターに乗ったグラスには8分目くらいまでソーダ水が注がれており、その上に浮かべられたアイスクリームはほぼまん丸。これなら見た目にも満足感のある一品です。

開店前の内装も残る
2階への階段

A：階下の入り口から2階への階段に
は茜の開店前、ケーキ屋の喫茶室だっ
た頃からある内装が今も多く残る。B:
「店内の民芸品は常連客から贈られた
もの。持ってきてくれた人が亡くなっ
てしまったから無下にもできないんだ
よね」とマスター。

開店前の内装と
常連客の贈り物が作る「和洋折衷」

　茜のある2階のフロアはもともと、1階にあったケーキ屋が経営していた喫茶室だったそうです。ところがこのケーキ屋が閉店。そこで茜が内装をそのままに開店しました。店内を見渡すとさまざまな民芸品が飾ってありますが、これは茜の開店後に集まったもの。「かつての常連客がお店に置いていったものなんだ」と教えてくれました。

　ケーキ屋時代からある西洋式の内装と常連客から贈られた日本の民芸品が相まって、茜ならではの空間を作り出しています。

照明、椅子、カーテン……

華やかなテーブル席

柳井を象徴する
「金魚ちょうちん」も

C：店内の調度品はケーキ屋時代からのものをほとんどそのまま残している。D：カウンターの上に吊るされた「金魚ちょうちん」。毎年夏に行われる金魚ちょうちん祭りの日、柳井の町は多くの人で賑わう。E：背もたれがハート形をした椅子もケーキ屋時代からのものだ。

夏には軒先に
柳井特有の民芸品も

　毎年、お盆の頃に柳井では「金魚ちょうちん祭り」が行われます。茜でも普段から、カウンターの上に「金魚ちょうちん」が吊るされています。お祭りの幻想的な風景を見た帰り、美しいクリームソーダを味わうべく茜を訪れるのも良いかも知れません。

DATA

所在地：山口県柳井市中央 2-16-11
営業時間：9:00-17:00
定休日：第2、第4日曜日
電話 0820-22-8108

アイスクリーム
生クリーム
ソーダが一度に
味わえる

なると思って
いなかった
喫茶店のマスター

「喫茶店のマスターになるとは思っていなかった。料理も自己流だしね」。そう語るのはお店の主人の前田さん。九州の出身で元々は会社員をしていたそうですが、広島で出会い、結婚した奥さまの実家の純喫茶を手伝うことになります。気がつけばそれから30年、純喫茶・赤煉瓦のマスターとして近隣の人気を集めています。

角度を変えて色・形を楽しむ

A：花型の生クリーム、球形のアイスク
リーム、そして小さなさくらんぼ。真上
からグラスをのぞけば、色だけでなく造
形の楽しさも感じられる。B：炭酸は強
め。グラスの内側に着いた細かい泡がエ
メラルドグリーンのソーダを華やかに飾
る。C：アーチ型の窓辺の席で。グリーン
の色合いが座席のワインレッドに映える。

見た目も麗しい
繊細な泡の粒が
弾けて、散って——

淡いグラデーション爽やかな癒しの逸品

クリームソーダは強炭酸とメロン
シロップの淡いグリーンのグラデー
ション、アイスクリームと生クリー
ムにさくらんぼが添えられた華やか
な逸品です。ビーフカレーやハンバ
ーグステーキ、アンドレ（ライスグ
ラタンカレー）など「洋食」のメニ
ューが人気ですが、その中でもこの
クリームソーダは爽やかに心と体を
癒してくれることでしょう。

「ハイカラ」の象徴
中央の噴水池

A：中央の皿状のオブジェは噴水に
なっているが、現在は使われていない。
B：前田さんによればこの池にペンギ
ンがいたのはおよそ40年ほど前のこ
とだそう。

店名の由来は
煉瓦造りのあの駅舎？

「赤煉瓦」という店名の由来を伺い
ました。この名前は先代である前田
さんのお義父さまがつけたものだそ
うです。「だから正確なことは分か
らない。あくまで推測だけど、東京
駅のハイカラな感じに憧れがあっ
たのかもしれないねえ」とのお答え。
確かに東京駅の駅舎の赤煉瓦は、今
でも見るものに垢抜けた印象を与え
ます。開店当時1954（昭和29）年
であれば、なおのことハイカラに思
えたことでしょう。

先代の頃に完成した
アール・デコ風の内装

C：テーブル席にはアーチ型の柱が並ぶ。前田さんによれば「先代の頃のものだね。いつ頃できたかはわからない」。D：銀色に輝く「コーヒーアン（コーヒーを落とす器具）」。20年くらい前まで実際に使われていたもの。

かつてはペンギンや
アロワナがいたことも

　喫茶・赤煉瓦において「ハイカラ」の象徴とも言えるのが店内中央の池。現在は大きな鯉が泳いでいますが、かつてここには2匹のペンギンが、また今は使われていない店内奥の水槽では大きなアロワナが泳いでいたこともあったそうです。その様子は、新広の人たちにはもちろん、もし東京の人が見たとしても新鮮なものだったに違いありません。

(DATA)

所在地：広島県呉市広本町 1-11-13
営業時間：8:00-19:00
定休日：毎週木曜日、隔週水曜日
電話 0823-71-7875

厚みのある
グラスが
独特の色合いを
表現する

「年を取ってもできる商売を」

「高知で最古の喫茶店」と聞き、わくわくしながら窪川という駅に降り立ちました。のどかな風景を楽しみながら歩くこと数分。勢いよく繁る蔦に覆われた一軒家の看板に「淳」という店名を見つけました。1964（昭和39）年、洋服や雑貨を売る商店を営んでいた先代が「年を取っても出来る商売を」と元々好きだったコーヒーに携わる仕事を選んだのが開店のきっかけです。ちなみに店名の「淳」はその先代のお名前「淳二郎」から名付けられたものだということです。

スクールでは学べない

父から伝わった

この店ならではの一杯

厚みと重量感のある
逆円錐型のグラス

A：底へゆくに従い絞り、厚みが増す特徴的な形状
のグラス。B：アイスクリーム、ソーダ水との境目、
そして表面の泡など……。丸いグラスの中にさまざ
まな色が混在するのを眺めるのも楽しい。C：ビア
グラスのような逆円錐型のグラスは意外に容量が大
きい。ボリューム感も満点だ。

クリームソーダは
先代のレシピを継承

　1972（昭和47）年頃、現在のマ
スターの川上さんは、それまで教員
をしていた神奈川県伊勢原市の高校
を辞め、銀座にあったカクテルスク
ールで飲食店のノウハウについて勉
強を始めました。父の経営していた
喫茶淳を継ぐためです。では、クリ
ームソーダもそのカクテルスクール

で？と思いましたが、そうではなく
「父から教わったやり方で現在も作
っています」とのことです。
　厚みのあるガラスを使ったグラス
も昔から使っているもの。ソーダ水
のグリーンが少し白みを帯びた独特
の色合いは厚みのあるグラスならで
はのものです。

147

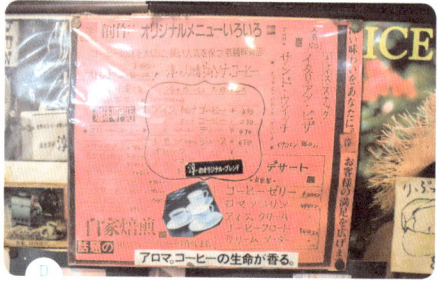

和風の雰囲気も同居する店内

A：店内の一部にどこか和風の雰囲気があるのは「甘党の店」の名残。コーヒーが大衆化し、喫茶淳が軌道に乗ったことから「甘党の店」は 1969（昭和 39）年の開店後、4-5 年でなくなってしまった。B：テーブル周辺を含め店内の壁には古くからあるポスターとともに、マスターお手製のメニューやお客へのメッセージが所狭しと掲示されている。C：5 人以上が座れるテーブル席。かつてはすぐに埋まってしまう時代もあったのだろう。D：アイスクリーとプリンを一度に楽しめる「ロマンプリン」など先代が考案した「淳」オリジナルメニューも少なくない。

創業当初には
1店舗に2つの店が同居

　1964（昭和39）年の開店当時、喫茶淳の店内には2つのお店が同居していました。コーヒーを扱う「喫茶淳」と、甘味やちらし寿司、いなり寿司などを扱う「甘党の店」です。当時はまだコーヒーを注文する人が多くなかったことから、甘党の店を同時営業することになりました。現在もよくみると入り口は2つ。店内にくぐり戸を設け、どちらからも行ったり来たりできるつくりになっています。

スナックと純喫茶が同居していた名残も——

淳の2階にあったスナック「ヤング」

E：2003（平成15年）頃まで、喫茶淳の2階でスナック「ヤング」を営業していた。ヤングは川上さんが始めたお店だが、閉店前には弟さんがマスターを勤めて、川上さんは喫茶淳に専念していたそうだ。閉店後もヤングの店内は営業当時のままに。F：右手の蔦に覆われた店舗が淳、2階のモダンなデザインの店舗がスナックヤング。G：少しわかりづらいがよく見ると入り口は2つある。これは「甘党の店」があった頃の名残だという。H：淳のマッチのほか、ヤングの営業当時に配っていた貴重なマッチも残されていた。

先代の焙煎へのこだわりは 2代目、そして奥さまへも

「ただ卸屋から購入するのは面白くない」と自己流で焙煎を学んだ先代の淳二郎さん。そのこだわりは現在のマスターの（川上）章雄さんにも受け継がれているほか、奥さまも焙煎が出来るそうです。豆を焙っている際には、店中に良い香りが漂うため、飲んでいない時でも口の中に珈琲の幸せな味わいが広ってゆくようです。

DATA

所在地：高知県高岡郡
四万十町茂串町6-6
営業時間：08:00-19:00
定休日：火曜日
電話 0880-22-0080

落ち着いた
色あいの内装に
心浮き立つ
ライムグリーン

まだコーヒーが
珍しかった頃に開店

1946（昭和21）年、長崎市内で開店した喫茶冨士男。当時、コーヒー豆は高級品であまり流通もなく、闇物資として仕入れていたというエピソードが残されています。この頃はまだ珍しかったコーヒーに長崎の人は夢中になり、お店は大盛況でした。

「冨士男」の名は現在のマスター・川村達正さんの叔父である、創業者の吉田藤雄さんから。喫茶店の前はおでん、日本酒などを出す酒屋さんだったそうです。

A B C

**淡い色のソーダ水と
きめ細かいアイスクリーム**

A：メロンシロップのライムグリーンが
ソーダ水と溶けあって美しい色に。一見
すると淡い色に見えるが決して風味が薄
いわけではない。B：きめ細かい食感の
アイスクリームが強めの炭酸とマッチし
ている。C：長らく作り方は変わってい
ないという冨士男のクリームソーダ。そ
の他のメニューも1946（昭和21）年
の開店当時からほとんど変わっていない
そうだ。

密かに広がる？
クリームソーダファン

　メジャーカップで測ったシロップ
をグラスへ。そこへ炭酸を注いでマ
ドラースプーンでミキシング、最後
にアイスクリームをたっぷりと……。
写真の通り、明るいライムグリーン
が特徴で、ソーダ水の銘柄や大きめ
のアイスクリームなども昔と同じ。
冨士男でクリームソーダを注文する
人は女性が多く、最近は特に若い人
からの注文が多いそうです。達正さ
んいわく「ひそかにブームが来てい
るのかもね」とのことです。

A：タイルと板張りがV字型にデザインされたカウンター付近。昭和40年頃に現在のような内装になったという。

初代マスターのセンスが
今も店内の各所に残る

B：入り口側のテーブル席には油絵が飾られている。セレクトは先代のマスター・吉田藤雄さんによるものだ。C：かつては木造のビルだったが、4-50年前の改装で現在のデザインに。

かつては市内に9つもの支店があった

昭和40年代、珈琲冨士男は長崎市内に支店を展開していきました。その第一号は1970（昭和45）年、浜町付近にあった春雨店。現在、ボンパドール長崎浜屋店になっているところだそうです。この頃、本店を中心に珈琲冨士男のお客は1日に数百人にのぼったといいます。その後、支店の数は長崎市内に計9店舗まで広がりました。しかし全国チェーンの喫茶店が進出したことなどから年を追うごとに規模を縮小、現在も営業している珈琲冨士男は本店だけになっています。なお、長崎市内の新大工町では元系列店だった「純喫茶冨士」が今でも営業しています。

店内で見つけたレトロな調度品いろいろ

D：美しいシャンデリア型の照明が吊られた天井。E：カウンターチェアは個性的なデザインだが、実際に座ってみると、その心地よさがわかる。F：レジ スターもレトロ。「40年くらいは使っているものです」と現マスターの達正さん。お店の雰囲気を壊したくないため、あえて新しくしないのだそう。

時代を経ても
美しさを保つ
天井、壁、テーブル……

創業70年を越えた
今も格調高い内外装

　梁を強調した天井、V字型のカウンター奥、そして随所に用いられた上品なセンスのタイルなど……。開店直後の戦乱や1982（昭和57）年の長崎大水害などを乗り越え、珈琲冨士男は内装、外装ともに現在も美しい姿を留めています。

（DATA）

所在地：長崎県長崎市鍛冶屋町2-12
営業時間：9:00-19:00
定休日：木曜日
電話 095-822-1625

福岡県福岡市

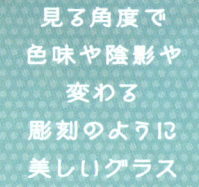

見る角度で
色味や陰影や
変わる
彫刻のように
美しいグラス

全メニューの
スタートで
昼夜を問わず盛況に

　青い壁と明るいえんじ色のソファ。パイプオルガンを思わせる銀色のオブジェ。一度訪れたら忘れられない印象的な純喫茶・ブルマーシャンは、福岡・博多の天神近くにあります。ママの小嶋さんは同じ福岡市内の高野で、別の純喫茶に勤めていました。その後、ご主人とともにお店を持ちたいと考え、現在の場所で始めたのがブルマーシャンです。

　ご主人は25年前に他界。以来、奥さまが1人でブルマーシャンを守っています。最初は飲み物を中心としたメニューでしたが「コーヒーだけではやっていけない」と食事のメニューもスタート。すると時間を問わず多くのお客さんで賑わうようになりました。

「寒暖」色合いのメリハリがついた店内

A：グラスの凸凹によりクリームソーダを構成する様々な色がグラスに映り込む。B：分銅型のシュガーポット。これも長いブルマーシャンの歴史を知る調度品の1つ。C：奥さまが店主となり25年。店内奥の青い壁に設けられたディスプレイ棚にはレトロなネコのオブジェが。D：テーブル席のソファー、花柄をあしらったカーペット、タイルを塗り込んだ壁など、カウンター周辺は暖色系に統一。

女性店主になって25年
店内を占める
やわらかい雰囲気が

濃厚かつ複雑な色合いを
重厚感あるグラスで楽しむ

　グリーンのシロップが濃厚なブルマーシャンのクリームソーダは「昔から使い続けている」というグラスも特徴的です。「ちょっと重いけど良いでしょ」という小嶋さんのお言葉通り、重厚感あるグラスはまるで氷でできたように見える洒落た凹凸が表面につけられ、ソーダの美しい色に複雑な陰影を作り出しています。

(DATA)

福岡県福岡市中央区清川
1-7-12
営業時間：10:00-19:00
定休日：日曜日
電話 092-522-1614

赤から緑へ
クラシカルに
生まれ変わった
人気店の一品

日付をまたいで
人々が集う人気店

　九州最南の地、鹿児島で最大の繁華街である天文館通りに1973（昭和48）年から人気を博してきた「純喫茶ブルーライト」があります。長い歴史を守り続けてきた店長は肥後さんほか、数名のスタッフが和やかな店内の雰囲気を作り出しています。

　繁華街の中という立地から、夜遅くコーヒーを飲みに来るお客さんも多く、平日は23時まで、金曜日は午前2時まで、そして土曜日は午前3時まで営業しています。夜の街で遊び、あるいは仕事を終えた人たちが集い、日付をまたいで話に花を咲かせる様子はブルーライトならではの光景と言えるかもしれません。

取っ手がついた
臨時の「特別グラス」も

A：通常のグラスが「使用中」
の場合には取ってがついた「臨
時の」グラスが登場。B：バニ
ラアイスの白、ソーダのグリー
ン、そしてさくらんぼの赤とそ
れぞれが個性を発揮。C：グラ
スの下には銅製のソーサーを使
用。

パステルグリーンに
ほんのり浮かび上がる
情熱的なさくらんぼの赤

「懐かしさを」の思いで
ザクロからメロンへ

　淡いグリーンが美しいクリームソー
ダは長らくザクロの風味のグレナ
デンシロップを使った「赤」だった
そうです。しかし、4,5年前からは
「懐かしい気持ちになれるように」
とスタンダードなグリーンに。
　現在のクリームソーダは底の膨ら
んだグラスに赤いさくらんぼが沈ん
でいる確かに懐かしい姿です。なお
クリームソーダに使っているグラス
はもう1種類。通常のグラスに空き
がない時には、取っ手のついたおも
ちゃのように可愛らしいグラスを使
用することがあるそうで、こちらで
いただくのも楽しい気分になれるこ
とでしょう。

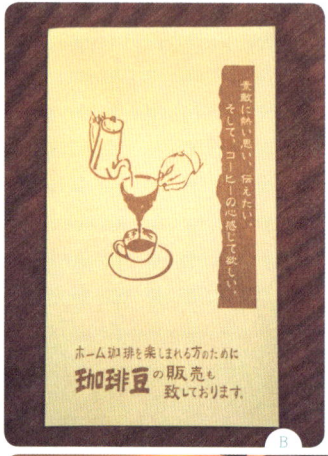

オーナーの心意気を感じられるアイテム

A：渋い色のモケットを張ったソファーや深い茶色の床のタイルなど、落ち着いた色調に統一された店内。心身ともにくつろげる空間だ。B：伝票の裏に描かれたメッセージは「素敵に熱い思い、伝えたい」。C：店内奥の座席に掲げられた「苦味礼讃」。心してコーヒーを味わいたい気分になる。

苦味を讃える「苦味礼讃」

　店内ではオーナーこだわりの内装をあちこちで見ることができます。さまざまな色や形を何種類も揃えた照明や、年代物のクラシックな壁時計など……。

　またテーブル席の奥には毛筆で書かれた「苦味礼讃」の文字。これはオーナーのご友人によって送られたものなのだそうです。「コーヒーの香ばしい苦味を讃える」という、ブルーライトのスタッフのコーヒー抽出に対する誇りを感じさせる力強い作品です。

　なお、鹿児島市内にはブルーライトの系列店として「マノン」という純喫茶があり、そこでは現在でもネルドリップでコーヒーを入れているそうです。

D：テーブル席上部に設置され
た珍しい形のランプシェード。

ピンク、グリーン ──
淡い色のシェード2品

E：会計カウンターに使われて
いる淡いピンクの照明も印象
的。F：同じ会計カウンターで
も上部の照明は淡いグリーンの
ランプシェード。

「ブルーライト」を
堪能したいなら
早い時間に

　特に週末の深夜、ブルーライトで
は若い人たちを中心に多くのお客さ
んで賑わい、混雑するそうです。オ
ーナーによる自家焙煎の豆を使った
コーヒー、そして生まれ変わったク
ラシックなクリームソーダをゆっく
りと味わうなら、鹿児島市内の観光
の合間、早い時間に訪ねてみるとい
いかもしれません。

照明にもご注目

美しい色を醸す

クリームソーダのような

DATA

所在地：鹿児島県鹿児島市
千日町 13-1 野崎ビル1F
営業時間：9:00-23:00（月
～木、日）9:00-翌 2:00（金
曜日）9:00-翌 3:00（土曜
日）

定休日：年中無休
電話 099-224-4736

SHINSETSU

お気に入りの色と香りは？
ICE CREAM SODA 24

クリームソーダカフェ
SHINSETSU

京都府京都市

「喫茶の枠組みを破る」コーラルピンクの内装

外国人観光客で賑わう京都・河原町。その中の寺町京極商店街に垢抜けた外観の喫茶店があります。「クリームソーダカフェSHINSETSU」。オーナー・小森さんのお祖母さまが経営されていた2010（平成22）年までは昭和のテイストが残る喫茶でしたが、現在は24種類ものクリームソーダを揃えるクリームソーダ専門カフェに。

お店の中は落ち着いた外観から一変、コーラルピンクが基調のポップな世界です。かつては今より静かな色合いでしたが「喫茶の枠組みをはずしたい」、小森さんのそんな思いにより2017（平成29）年、賑やかな内装になりました。

A：「味からではなく色から基準に注文する人も多い」という24種のカラフルなクリームソーダ。B：角に丸みをつけた窓やテーブル席のパーテーションなど、お祖父さまが経営されていた頃の雰囲気を残す2階席。昭和の頃から通っているお客さまもいるそうだ。C：

2階への階段部分には、ポップかつ絢爛豪華な装飾が集められている。D：店名「SHINSETSU」はお祖父さまの経営していた喫茶「新雪」からだが、まだ誰も踏み入れたことがない新しい雪（世界）へ踏み出したいという思いも示している、と小森さん。

SHINSETSU クリームソーダの メニュー24種

メロン	（色：グリーン）	ザクロ	（色：ガーネットレッド）
グリーンアップル	（色：エメラルドグリーン）	カシス	（色：レッドダイアモンド）
マスカット	（色：クリスタルグリーン）	ストロベリー	（色：レッド）
ブルーキュラソー	（色：オーシャンブルー）	ラズベリー	（色：ルビーレッド）
グレープ	（色：バイレット）	ブラッドオレンジ	（色：ジョンブラッドレッド）
ラベンダー	（色：クリスタルバイオレット）	レッドメロン	（色：ルビアレッド）
ハイビスカス	（色：フェミニンピンク）	オレンジ	（色：オレンジ）
ピンク		パイナップル	（色：イエロー）
グレープフルーツ	（色：ピンキーレッド）	マンゴー	（色：ゴールド）
スイカ	（色：プリンセスピンク）	パッションフルーツ	（色：クリスタルイエロー）
ピーチ	（色：ピンク）	ラ・フランス	（色：ホワイト）
サクラ	（色：ベビーピンク）	ライチ	（色：クリア）
チェリーライム	（色：ネオンピンク）		

小さな頃の祖父との「特別な日」の想い出

京都にも喫茶チェーンが増えた中で「オリジナリティのある店にしたい」。SHINSETSUはパンケーキの店としてオープンしましたが、やがて頭に浮かんだのは小森さんが小さい頃、お祖父さまに連れて行ってもらった京都髙島屋レストランのクリームソーダでした。記憶の中の「特別な日」がクリームソーダカフェSHINSETSUの原点となっています。

所在地：京都府京都市中京区寺町通り錦小路上る円福寺前町 277-1F　営業時間：平日 14:00-20:00
（19:00 ラストオーダー）土・日・祝：12:00-20:00（19:00 ラストオーダー）　定休日：不定休　電話：075-221-4468

クリームソーダ

色とデザイン

クリームソーダという作品を形づくるシロップ、
グラス、アイスクリーム……。
誌面から味や香りを味わうことはできませんが、
色やデザインは楽しむことができます。
本誌で紹介したクリームソーダ、そのアルバム。

p004 きくち

p014 どんぐり

p018 gion

p022 旅苑

p026 さぼうる

p030 コンパル

p046 ジュリアン

p042
資生堂

ソーダ水の色味とグラスで決まる個性

クリームソーダというと、グリーンのシロップがまず頭に浮かぶのではないでしょうか。全国各地の純喫茶、そのクリームソーダを見ていくと、確かにグリーンの割合が多いことは間違いありません。しかし、同じグリーンでも色合いや濃淡はさまざま。そして、もちろん他の色のシロップを使ったカラフルなソーダもたくさんありました。

意外と多かったのはブルー。ただしこれも濃淡さまざまで、例えば同じ関東でも柏壹番館（56頁）のような深く美しいブルーのところもあれば、阿佐ヶ谷・gionのような明る

い鮮やかなブルーのクリームソーダもあります。多くのところは1-2種類、多くても3種類というところが多い中で、東京・神保町のさぼうるは6種類、また160頁でご紹介した京都SHINSETSUは24種類ものクリームソーダを揃えています。

ソーダ水の色味のほかに、もう1つ注目したいポイントはグラスの形です。大きさ、カットの仕方、そしてグラスの下に敷いたソーサー……。それぞれのお店で個性的なデザインを採用しています。あなただけのお気に入りのクリームソーダを探してみてください。

p056
壹番館

p078
パーラーアコ

p086
ポン．千賀

p102
ライフ

p106
大陸

p124
マリ亞ンヌ

p154
ブルマーシャン

p156
ブルーライト

Oter Cream soda Album

クリームソーダ

アルバム

ここまでにご紹介した純喫茶以外にも、
召し上がってほしいクリームソーダはたくさんあります。
全国を見渡せば素敵な作品を
いただけるお店は数え切れないほど。
ここではそのうちほんの一部をご紹介します。
きっとあなたの暮らす街にも素晴らしい一品を
いただける純喫茶があるはずです。

店名 ピース　　所在地 東京都新宿区 西新宿 1-5-1
新宿西口ハルク 1F　　電話 03-3342-0812

店名 ルーブル　　所在地 東京都中野区東中野 4-1-8
上原ビル 1F　　電話 03-3371-3952

店名 モンブラン　　所在地 東京都目黒区自由が丘
1-29-3　　電話 03-3723-1181

店名 カナディアン コーヒーショップ　　所在地 東京
都多摩市馬引沢 1-15-1　　電話 042-373-4919

店名 王朝喫茶 寛山　所在地 福井県福井市中央 1-4-28 地下 1 階　電話 0776-23-2810

店名 近江屋　所在地 東京都武蔵野市吉祥寺本町 1-5-1 吉祥寺パルコ 1F・2F　電話 0422-21-2555

店名 ネルケン　所在地 東京都杉並区高円寺南 3-56-7　電話 03-3311-2637

店名 パーラーキムラヤ　所在地 東京都港区新橋 2-20-15 新橋駅前ビル 1 号館 B1F　電話 03-3573-2156

店名 カウベル　所在地 東京都千代田区飯田橋
4-5-2 T&S ビル 1F　電話 03-3265-2546

店名 ヒスイ　所在地 和歌山県和歌山市中ノ店南ノ
丁 9　電話 073-422-5241

店名 サンレモン　所在地 岡山県倉敷市児島小川
5-1-1　電話 086-472-5281

店名 レストランフルヤ　所在地 静岡県熱海市田原
本町 8-9　電話 0557-82-4048

店名 こけし屋 本館　所在地 東京都杉並区西荻南 3-14-6 2F　電話 03-3334-5111

店名 リリー　所在地 東京都練馬区石神井町 3-29-5　電話 03-3995-9695

店名 デン　所在地 東京都台東区根岸 3-3-18 メゾン根岸（鶯谷）1F　電話 03-3875-3009

店名 銀座ウエスト 銀座本店　所在地 東京都中央区銀座 7-3-6　電話 03-3571-1554

店名 ニューリンデン　所在地 岡山県倉敷市広江
1-14-25　電話 086-455-6725

店名 珈里亜南口店　所在地 東京都杉並区荻窪
5-27-6　電話 03-3393-1136

店名 ワンモア　所在地 東京都江戸川区平井 5-22-
11　電話 03-3617-0160

店名 マロン二世　所在地 福井県鯖江市柳町 4-6-
27　電話 0778-52-3377

店名 コーヒーの大学院 ルミエール・ド・パリ
所在地 神奈川県横浜市中区相生町 1-18　**電話**
045-641-7750

店名 ルパン　**所在地** 長崎県長崎市桜町 1-1
電話 095-824-5927

店名 茶房 武蔵野文庫　**所在地** 東
京都武蔵野市吉祥寺本町 2-13-4
電話 0422-22-9107

店名 神田 白十字　**所在地** 東京都
千代田区西神田 2-1-14　**電話** 03-
3261-7094

店名 はまの屋パーラー　**所在地**
東京都千代田区有楽町 1-12-1 新
有楽町ビル B1F　**電話** 03-3212-
7447

クリームソーダ純喫茶DATABASE

p004　COFFEE ROOM きくち

色 2色／赤、グリーン
所在地 北海道函館市湯川町 3-13-19
営業時間 9:00-21:30（4-10月）、
　　　　　9:00-21:00（11-3月）
定休日 年中無休
電話 0138-59-3495

p006　純喫茶サモワール

色 1色／グリーン
所在地 秋田県由利本荘市
　　　　　谷地町 60
営業時間 10:00-18:00
定休日 木曜日
電話 0184-22-3800

p010　クレオパトラ

色 1色／グリーン
所在地 青森県青森市新町 2-8-4
営業時間 7:00-19:00
定休日 月曜日
電話 017-722-7778

p014　どんぐり

色 1色／グリーン
所在地 宮城県仙台市青葉区
　　　　　国分町 2-8-11
営業時間 9:30-21:00（月～土）、
　　　　　9:30-18:00（日・祝）
定休日 年中無休
電話 022-227-3097

p018　gion

色 2色／青、グリーン
所在地 東京都杉並区阿佐谷北 1-3-3
　　　　　川染ビル 1F
営業時間 9:30-翌 2:00（月～土）、
　　　　　9:00-翌 2:00（日）
定休日 年中無休
電話 03-3338-4381

p022　旅苑

色 1色／グリーン
所在地 山梨県都留市
　　　　　上谷 4-1-10
営業時間 12:00-22:00
定休日 年中無休
電話 0554-43-3800

p026　味の珈琲屋 まぼろる

色 6色／青、オレンジ、
　　　　　黄、赤、紫、グリーン
所在地 東京都千代田区神田
　　　　　神保町 1-11
営業時間 9:00-23:00
　　　　　（22:30 ラストオーダー）
定休日 日・祝日
電話 03-3291-8404

p030　コンパル

色 1色／グリーン
所在地 群馬県高崎市箱町 62
営業時間 8:00-18:00
定休日 年中無休
電話 027-322-2184

p034 純喫茶モデル

色 1色／グリーン
所在地 神奈川県横浜市
中区吉浜町 1-7
営業時間 10:00-17:00
定休日 年中無休（臨時休業あり）
電話 045-681-3636

p038 喫茶クラウン

色 1色／グリーン
所在地 埼玉県川口市芝新町 3-19
営業時間 8:00-21:00
定休日 日曜日
電話 048-266-1207

p042 資生堂パーラー 銀座本店 サロン・ド・カフェ

色 4色／赤・黄・オレンジで他に
季節ごとに 1色
所在地 東京都中央区銀座 8-8-3
東京銀座資生堂ビル 3F
営業時間 11:30-21:00（火〜土）、
11:30-20:00（日・祝）
定休日 月曜日（祝日の場合は営業）
電話 03-5537-6231（予約不可）

p046 喫茶ジュリアン

色 2色／赤・グリーンの
ペアソーダ
所在地 神奈川県藤沢市藤沢 110
営業時間 9:00-18:30（月〜金）、
11:00-18:00（土）
定休日 日・祝日
電話 0466-22-7955

p050 珈琲館 古城

色 1色／グリーン
所在地 栃木県宇都宮市中戸祭 1-8-15
営業時間 9:00-19:00
定休日 日曜日
電話 028-624-0483

p052 コーヒーハウス トロピカル

色 1色／グリーン
所在地 茨城県水戸市南町 1-3-3
営業時間 8:00-19:00
定休日 日・祝日
電話 029-226-6907

p056 珈琲プラザ 壹番館

色 2色／青、グリーン
所在地 千葉県柏市末広町 3-16
柏タカシマヤ 中 3F
営業時間 10:00-19:00
定休日 年中無休
（柏高島屋 T館の休館日は休業）
電話 04-7143-2945

p066 珈琲家 ロビン

色 2色／赤、グリーン
所在地 愛知県名古屋市
中村区寿町 36
営業時間 4:00-15:00
定休日 日曜日（祝日は営業）
電話 052-481-2329

クリームソーダ純喫茶DATABASE

p070 サンバード

色 1色／グリーン
所在地 静岡県熱海市東海岸町 2-15
営業時間 8:00-19:00
定休日 水曜日
電話 0557-81-3667

p074 ミロ

色 2色／赤、グリーン
所在地 岐阜県可児市
今渡 1619-184
営業時間 7:00-18:00
定休日 日曜日
電話 0574-62-3234

p078 パーラーアコ

色 1色／グリーン
所在地 石川県小松市飴屋町 23-2
営業時間 7:30-18:00
定休日 年中無休
電話 0761-23-1306

p082 パスカル青山

色 1色／グリーン
所在地 愛知県名古屋市
緑区浦里 3-328
営業時間 7:00-17:00
定休日 日曜日
電話 052-891-5158

p086 ボン．千賀

色 1色／グリーン
所在地 愛知県豊橋市駅前大通 1-28
営業時間 10:00-21:00
定休日 日曜日
電話 0532-53-5161

p090 珈琲処カラス

色 2色／青、グリーン
所在地 愛知県名古屋市
中村区栄 1-12-2
営業時間 7:45-18:00（月〜金）、
9:00-17:00（日・祝）
定休日 不定休
（月に2回、土曜日）
電話 052-231-1563

p094 ライオン

色 3色／赤、クリア、グリーン
所在地 愛知県名古屋市中村区栄 4-6-4
営業時間 8:30-18:00（月〜土）、
8:30-12:00（日）
定休日 第2、第4水曜日
電話 052-241-8710

p098 純喫茶 磯

色 1色／グリーン
所在地 三重県尾鷲市野地町 12-5
営業時間 7:00-20:00
定休日 年中無休
電話 0597-22-0638

p102 珈琲ライフ

色 2色／赤、グリーン
所在地 滋賀県近江八幡市
鷹飼町 1496-1
営業時間 9:00-20:30
定休日 金曜日
電話 0748-33-2226

p106 茶房 大陸

色 1色／グリーン
所在地 兵庫県姫路市錦町 89
営業時間 7:30-17:00
定休日 年中無休
電話 079-222-0071

p110 喫茶ユース

色 1色／グリーン
所在地 兵庫県洲本市本町 4-3-12
営業時間 7:20-17:00（月、水～日）、
7:20-12:00（火）
定休日 年中無休
電話 0799-24-1835

p114 純喫茶まるき

色 1色／グリーン
所在地 和歌山県有田市
箕島 897-1
営業時間 7:00-18:00
定休日 土曜日
電話 0737-82-2272

p118 ゆうなぎ

色 1色／グリーン
所在地 大阪府大阪市
阿倍野区松虫通 1-1-2
営業時間 7:00-18:00
定休日 火曜日
電話 06-6653-9537

p120 喫茶ブルボン

色 1色／グリーン
所在地 京都府京都市
下京区朱雀北ノ口町 42
営業時間 8:00-18:00
定休日 日・祝日
電話 075-314-2345

p124 マリ亞ンヌ

色 2色／ピンク、グリーン
所在地 京都府京都市
山科区椥辻池尻町 32-4
営業時間 8:00-18:30（月～金）、
8:00-13:30（土・祝日）
定休日 日・祝日
（祝日は営業の日もあり）
電話 075-592-0854

p128 ドレミ

色 1色／グリーン
所在地 大阪府大阪市
浪速区恵美須東 1-18-8
営業時間 8:00-22:30
定休日 火曜日
電話 06-6643-6076

クリームソーダ純喫茶DATABASE

p138 茜

色 1色／グリーン
所在地 山口県柳井市中央2-16-11
営業時間 9:00-17:00
定休日 第2、第4日曜日
電話 0820-22-8108

p142 赤煉瓦

色 1色／グリーン
所在地 広島県呉市広本町1-11-13
営業時間 8:00-19:00
定休日 木曜日、隔週水曜日
電話 0823-71-7875

p146 喫茶 淳

色 1色／グリーン
所在地 高知県高岡郡四万十町茂串町6-6
営業時間 8:00-19:00
定休日 火曜日
電話 0880-22-0080

p150 珈琲冨士男

色 1色／グリーン
所在地 長崎県長崎市鍛冶屋町2-12
営業時間 9:00-19:00
定休日 木曜日
電話 095-822-1625

p154 ブルマーシャン

色 1色／グリーン
所在地 福岡県福岡市中央区清川1-7-12
営業時間 10:00-19:00
定休日 日曜日
電話 092-522-1614

p156 ブルーライト

色 1色／グリーン
所在地 鹿児島県鹿児島市千日町
　　　　13-1 野崎ビル1F
営業時間 9:00-23:00（月〜木、日）、
　　　　9:00-翌2:00（金曜日）、
　　　　9:00-翌3:00（土曜日）
定休日 年中無休
電話 099-224-4736

p060 喫茶宝石箱

色 7色／青、黄、赤、紫、
　　ピンク、グリーンで
　　他に季節ごとに1色
所在地 東京都世田谷区
　　　　南烏山4 18-18 小山マンション102
営業時間 12:00-18:30（18:00 ラストオーダー）
定休日 水曜日　**電話** 03-5969-8577

p060 喫茶セピア

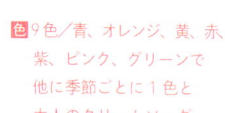

色 9色／青、オレンジ、黄、赤、
　　紫、ピンク、グリーンで
　　他に季節ごとに1色と
　　大人のクリームソーダ
所在地 東京都葛飾区 7-4-11
営業時間 10:00-18:30
　　　　（18:00 ラストオーダー）
定休日 火・水曜日　**電話** 03-6657-8620

p132 洋菓子喫茶 富士 （※喫茶室休業前の情報です）

色 1色／グリーン
所在地 静岡県静岡市清水区
　　　　銀座11-24
営業時間 8:30 〜 18:30
定休日 水曜日
電話 054-366-4392

p160 クリームソーダカフェ SHINSETSU

色 24色／グリーン、
　　エメラルドグリーン ほか
所在地 京都府京都市中京区
　　　　寺町通り錦小路上る円福寺前町277-1F
営業時間 14:00-20:00（月〜金）（19:00 ラストオーダー）
　　　　12:00-20:00（土・日・祝）（19:00 ラストオーダー）
定休日 不定休　**電話** 075-221-4468

おわりに

「うちのクリームソーダはいたって普通。昔ながらの変わらないものだから特別なところはないよ」。これはこの本でご紹介した多くのお店で聞いた言葉です。しかし、それぞれのクリームソーダをよく見てみると、1つとして同じものはありませんでした。

　たとえばソーダの色、そしてその濃淡。イメージしていたグリーンだけではなく、赤や黄色、青などのさまざまなバリエーションがありました。グラスやスプーン、マドラーのデザインはどうでしょう。あるいはソーダの上に乗るアイスクリームのボリュームや盛り付けは……？ これらを追っていくと、まだまだ奥深い純喫茶道にますます夢中になるのでした。

　この本のテーマは「クリームソーダ」ですが、そのクリームソーダを通じて、改めて気づいたことがあります。それは100の純喫茶があれば100人のマスターやママがおり、そこにしかない空間で寛ぐひとときの時間の大切さです。それぞれがこだわりを貫いてこしらえた内装、長い時間を経て程よく琥珀色に変わった空気感こそが、純喫茶の一番の魅力だと思っています。

　そんな場所で、たまにはクリームソーダを注文してみませんか？ 弾ける泡にときめくソーダと、甘いアイスクリームの誘惑。テーブルに置かれた瞬間のときめきとともに、いつもとは少し違った特別な時間を過ごせるかもしれません。

難波里奈

東京喫茶店研究所二代目所長
東京を中心に全国の純喫茶を巡り、2012
年には初の著書『純喫茶コレクション』を
上梓。また雑誌への寄稿やテレビ、ラジオ
番組、トークイベントなどにおいて純喫茶
の魅力を広めている。

クリームソーダ純喫茶めぐり

2018 年 8 月 25 日　　初版第 1 刷発行
2022 年 6 月 25 日　　初版第 6 刷発行

著者 ——————— 難波 里奈

発行者 ——————— 長瀬 聡

発行所 ——————— 株式会社グラフィック社
　　　　　　　　　〒 102-0073
　　　　　　　　　東京都千代田区九段北 1-14-17
　　　　　　　　　TEL 03-3263-4318
　　　　　　　　　FAX 03-3263-5297
　　　　　　　　　郵便振替 00130-6-114345
　　　　　　　　　http://www.graphicsha.co.jp

印刷・製本 ——— 図書印刷株式会社

Staff

デザイン ——————— 米倉英弘 + 鎌内文（細山田デザイン事務所）

DTP デザイン — 横村葵

撮影 ——————— 廣田賢司
　　　　　　　　藤田葉
　　　　　　　　木藤富士夫

写真提供 ——————— 中村商店（65 頁）
　　　　　　　　サンクラウン果精（65 頁）
　　　　　　　　松山製菓（137 頁）

編集 ——————— 坂田哲彦（グラフィック社）

ISBN978-4-7661-3147-5 C0095　　©Rina Nanba 2018, Printed in Japan